国家出版基金项目
NATIONAL PUBLICATION FOUNDATION

普及读物

史迪威将军与中国战区统帅部影像集（上）

主　编 ● 周　勇　徐重宁
副主编 ● 冯嘉琳　周　敏

重庆出版集团 重庆出版社

图书在版编目(CIP)数据

史迪威将军与中国战区统帅部影像集 / 周勇, 徐重宁主编. —重庆：重庆出版社, 2017.9
ISBN 978-7-229-12260-7

Ⅰ.①史… Ⅱ.①周… ②徐… Ⅲ.①史迪威(Stilwell, Joseph Warren 1883—1946)—生平事迹—摄影集 Ⅳ.①K837.125.2-64

中国版本图书馆CIP数据核字(2017)第105069号

史迪威将军与中国战区统帅部影像集
SHIDIWEI JIANGJUN YU ZHONGGUO ZHANQU TONGSHUAIBU YINGXIANGJI

主编 周 勇 徐重宁 副主编 冯嘉琳 周 敏

责任编辑：林 郁
责任校对：何建云
装帧设计：重庆出版社艺术设计有限公司

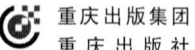

重庆出版集团
重庆出版社 出版

重庆市南岸区南滨路162号1幢 邮政编码：400061 http://www.cqph.com
重庆出版社艺术设计有限公司制版
自贡兴华印务有限公司印刷
重庆出版集团图书发行有限公司发行
E-MAIL:fxchu@cqph.com 邮购电话：023-61520646
全国新华书店经销

开本：740mm×1030mm 1/16 印张：70 字数：1100千
2017年9月第1版 2017年9月第1次印刷
ISBN 978-7-229-12260-7
定价：140.00元

如有印装质量问题，请向本集团图书发行有限公司调换：023-61520678

版权所有 侵权必究

《中国抗战大后方历史文化丛书》

编纂委员会

总 主 编：章开沅
副总主编：周　勇

编　　委：（以姓氏笔画为序）
山田辰雄　日本庆应义塾大学教授
马　振　犊　中国第二历史档案馆馆长、研究馆员
王　川　平　重庆中国三峡博物馆名誉馆长、研究员
王　建　朗　中国社科院近代史研究所副所长、研究员
方　德　万　英国剑桥大学东亚研究中心主任、教授
巴　斯　蒂　法国国家科学研究中心教授
西村成雄　日本放送大学教授
朱　汉　国　北京师范大学历史学院教授
任　　竟　重庆图书馆馆长、研究馆员
任　贵　祥　中共中央党史研究室研究员、《中共党史研究》主编
齐　世　荣　首都师范大学历史学院教授
刘　庭　华　中国人民解放军军事科学院研究员
汤　重　南　中国社科院世界历史研究所研究员
步　　平　中国社科院近代史研究所所长、研究员
何　　理　中国抗日战争史学会会长、国防大学教授
麦　金　农　美国亚利桑那州立大学教授
玛玛耶娃　俄罗斯科学院东方研究所教授

陆　大　钺	重庆市档案馆原馆长、中国档案学会常务理事
李　红　岩	中国社会科学杂志社研究员、《历史研究》副主编
李　忠　杰	中共中央党史研究室副主任、研究员
李　学　通	中国社会科学院近代史研究所研究员、《近代史资料》主编
杨　天　石	中国社科院学部委员、近代史研究所研究员
杨　天　宏	四川大学历史文化学院教授
杨　奎　松	华东师范大学历史系教授
杨　瑞　广	中共中央文献研究室研究员
吴　景　平	复旦大学历史系教授
汪　朝　光	中国社科院近代史研究所副所长、研究员
张　国　祚	国家社科基金规划办公室原主任、教授
张　宪　文	南京大学中华民国史研究中心主任、教授
张　海　鹏	中国史学会会长，中国社科院学部委员、近代史研究所研究员
陈　　晋	中共中央文献研究室副主任、研究员
陈　廷　湘	四川大学历史文化学院教授
陈　兴　芜	重庆出版集团总编辑、编审
陈　谦　平	南京大学中华民国史研究中心副主任、教授
陈　鹏　仁	台湾中正文教基金会董事长、中国文化大学教授
邵　铭　煌	中国国民党文化传播委员会党史馆主任
罗　小　卫	重庆出版集团董事长、编审
周　永　林	重庆市政协原副秘书长、重庆市地方史研究会名誉会长
金　冲　及	中共中央文献研究室原常务副主任、研究员
荣　维　木	《抗日战争研究》主编、中国社科院近代史研究所研究员
徐　　勇	北京大学历史系教授
徐　秀　丽	《近代史研究》主编、中国社科院近代史研究所研究员
郭　德　宏	中国现代史学会会长、中共中央党校教授
章　百　家	中共中央党史研究室副主任、研究员
彭　南　生	华中师范大学历史文化学院教授
傅　高　义	美国哈佛大学费正清东亚研究中心前主任、教授

温贤美　四川省社科院研究员
谢本书　云南民族大学人文学院教授
简笙簧　台湾国史馆纂修
廖心文　中共中央文献研究室研究员
熊宗仁　贵州省社科院研究员
潘　洵　西南大学历史文化学院教授
魏宏运　南开大学历史学院教授

编辑部成员（按姓氏笔画为序）

朱高建　刘志平　吴　畏　别必亮　何　林　黄晓东　曾海龙　曾维伦

总　序

章开沅

我对四川、对重庆常怀感恩之心，那里是我的第二故乡。因为从1937年冬到1946年夏前后将近9年的时间里，我在重庆江津国立九中学习5年，在铜梁201师603团当兵一年半，其间曾在川江木船上打工，最远到过今天四川的泸州，而起程与陆上栖息地则是重庆的朝天门码头。

回想在那国破家亡之际，是当地老百姓满腔热情接纳了我们这批流离失所的小难民，他们把最尊贵的宗祠建筑提供给我们作为校舍，他们从来没有与沦陷区学生争夺升学机会，并且把最优秀的教学骨干稳定在国立中学。这是多么宽阔的胸怀，多么真挚的爱心！2006年暮春，我在57年后重访江津德感坝国立九中旧址，附近居民闻风聚集，纷纷前来看望我这个"安徽学生"（当年民间昵称），执手畅叙半个世纪以前往事情缘。我也是在川江的水、巴蜀的粮和四川、重庆老百姓大爱的哺育下长大的啊！这是我终生难忘的回忆。

当然，这八九年更为重要的回忆是抗战，抗战是这个历史时期出现频率最高的词语。抗战涵盖一切，渗透到社会生活的各个层面。记得在重庆大轰炸最频繁的那些岁月，连许多餐馆都不失"川味幽默"，推出一道"炸弹汤"，即榨菜鸡蛋汤。……历史是记忆组成的，个人的记忆会聚成为群体的记忆，群体的记忆会聚成为民族的乃至人类的记忆。记忆不仅由文字语言承载，也保存于各种有形的与无形的、物质的与非物质的文化遗产之中。历史学者应该是文化遗产的守望者，但这绝非是历史学者单独承担的责任，而应是全社会的共同责任。因此，我对《中国抗战大后方历史文化丛书》编纂出版寄予厚望。

抗日战争是整个中华民族（包括海外侨胞与华人）反抗日本侵略的正义战争。自从19世纪30年代以来，中国历次反侵略战争都是政府主导的片面战争，由于反动统治者的软弱媚外，不敢也不能充分发动广大人民群众，所以每次都惨遭失败的结局。只有1937年到1945年的抗日战争，由于在抗日民族统一战线的旗帜下，长期内战的国共两大政党终于经由反复协商达成第二次合作，这才能够实现史无前例的全民抗战，既有正面战场的坚守严拒，又有敌后抗日根据地的英勇杀敌，经过长达8年艰苦卓绝的壮烈抗争，终于赢得近代中国第一次胜利的民族解放战争。我完全同意《中国抗战大后方历史文化丛书》的评价："抗日战争的胜利成为了中华民族由衰败走向振兴的重大转折点，为国家的独立、民族的解放奠定了基础。"

中国的抗战，不仅是反抗日本侵华战争，而且还是世界反法西斯战争的重要组成部分。

日本明治维新以后，在"脱亚入欧"方针的误导下，逐步走上军国主义侵略道路，而首当其冲的便是中国。经过甲午战争，日本首先占领中国的台湾省，随后又于1931年根据其既定国策，侵占中国东北三省，野心勃勃地以"满蒙"为政治军事基地妄图灭亡中国，独霸亚洲，并且与德、意法西斯共同征服世界。日本是法西斯国家中最早在亚洲发起大规模侵略战争的国家，而中国则是最早投入反法西斯战争的先驱。及至1935年日本军国主义者通过政变使日本正式成为法西斯国家，两年以后更疯狂发动全面侵华战争。由于日本已经与德、意法西斯建立"柏林—罗马—东京"轴心，所以中国的全面抗战实际上揭开了世界反法西斯战争（第二次世界大战）的序幕，并且曾经是亚洲主战场的唯一主力军。正如1938年7月中共中央《致西班牙人民电》所说："我们与你们都是站在全世界反法西斯的最前线上。"即使在"二战"全面爆发以后，反法西斯战争延展形成东西两大战场，中国依然是亚洲的主要战场，依然是长期有效抗击日本侵略的主力军之一，并且为世界反法西斯战争的胜利作出了极其重要的贡献。2002年夏天，我在巴黎凯旋门正好碰见"二战"老兵举行盛大游行庆祝法国光复。经过接待人员介绍，他们知道我也曾在1944年志愿从军，便热情邀请我与他们合影，因为大家都曾是反法西斯的战士。我虽感光荣，但却受之有愧，因为作为现役军人，未能决胜于疆场，日本就宣布投降了。但是法国老兵非常尊重中国，这是由于他们曾经投降并且亡国，而中国则始终坚持英勇抗战，并主要依靠自己的力量赢得最后胜利。尽管都是"二战"的主要战胜国，毕竟分量与地位有所区别，我们千万不可低估自己的抗战。

重庆在抗战期间是中国的战时首都，也是中共中央南方局与第二次国共合作的所在地，"二战"全面爆发以后更成为世界反法西斯战争远东指挥中心，因而具有多方面的重要贡献与历史地位。然而由于大家都能理解的原因，对于抗战期间重庆与大后方的历史研究长期存在许多不足之处，至少是难以客观公正地反映当时完整的社会历史原貌。现在经由重庆学术界倡议，全国各地学者密切合作，同时还有日本、美国、英国、法国、俄罗斯等外国学者的关怀与支持，共同编辑出版《中国抗战大后方历史文化丛书》，这堪称学术研究与图书出版的盛事壮举。我为此感到极大欣慰，并且期望有更多中外学者投入此项大型文化工程，以求无愧于当年的历史辉煌，也无愧于后世对于我们这代人的期盼。

在民族自卫战争期间，作为现役军人而未能亲赴战场，是我的终生遗憾，因此一直不好意思说曾经是抗战老兵。然而，我毕竟是这段历史的参与者、亲历者、见证者，仍愿追随众多中外才俊之士，为《中国抗战大后方历史文化丛书》的编纂略尽绵薄并乐观其成。如果说当年守土有责未能如愿，而晚年却能躬逢抗战修史大成，岂非塞翁失马，未必非福？

2010年已经是抗战胜利65周年，我仍然难忘1945年8月15日山城狂欢之夜，数十万人涌上街头，那鞭炮焰火，那欢声笑语，还有许多人心头默诵的杜老夫子那首著名的诗："剑外忽传收蓟北，初闻涕泪满衣裳！却看妻子愁何在？漫卷诗书喜欲狂。白日放歌须纵酒，青春作伴好还乡。即从巴峡穿巫峡，便下襄阳向洛阳。"

即以此为序。

庚寅盛暑于实斋

（章开沅，著名历史学家、教育家，现任华中师范大学东西方文化交流研究中心主任）

史迪威在中国
——《史迪威将军与中国战区统帅部影像集》序

《史迪威将军与中国战区统帅部影像集》是第一部记录史迪威将军在中国抗战时期的照片集。此前,在中国出版过的相关书籍记录了史迪威将军的军旅生涯以及他与中国人民的友谊,但是这部影像集展示的照片更加真实全面地反映了将军其人其事,以及他对中国及中国人民的深远影响,出版史迪威将军影像集具有重大意义。

史迪威作为美军军官,在美国对日宣战前曾四次被派往中国,先后在中国工作生活了十年。1920年,作为美军来华的第一名语言学生,史迪威首次被派驻中国。三年间,他主要学习并熟练运用中文,同时多次在中国旅行,了解中国文化和中国人民。1921年春夏,他借调于美国红十字组织,担任修筑山西省赈灾救济物资运输公路的总工程师。他设计确定公路位置,指导公路主要施工,每天与修筑公路、桥梁、涵洞的工头和劳工一道工作。他对中国老百姓日益尊重,并赞扬他们勤奋、朴实、乐观、独立、忍耐、友好、有礼,善于承担艰苦工作,还具有极其幽默的品质。修筑山西公路是史迪威将军在华这三年期间收获最丰厚的时光。

1926年,史迪威将军被派驻天津的美国陆军第15步兵团。在天津三年间,他依然抽出时间去中国各地旅行考察,融入中国社会,深入了解中国人民,并更加信任中国人民。

1935年,史迪威作为陆军上校,开始了四年的美国驻北平外交使团武官的使命。四年间,他仍然去中国各地旅行考察,特别是在1937年7月7

日卢沟桥事变,他深入前方,观察中国和日本的军事力量,评估中国和日本的军事能力(包括后勤、医疗、士气等),并写出评估报告。通过旅行考察,史迪威对中国及日本的军事能力更加了解,这为他以后在1942—1944年的抗日作战提供了很大的帮助。

1942年3月初,史迪威晋升为陆军中将,再次回到中国,担任中国战区统帅蒋介石的总参谋长、美军中缅印战区司令官、美国援华物资(在移交给中国之前)管理负责人、中缅印战区盟军战争委员会美方代表等职。之后,他被任命为东南亚盟军司令部副总司令。他的职务不同、上司不同,责任大相径庭,各种职务也常常相互矛盾。

中国的工作经历使史迪威将军认识到中国士兵的潜力。他始终相信,如果有良好的指挥、装备、训练、医疗,中国士兵可与其他任何盟军士兵媲美。在1942年的一次广播讲话中,他说:"对我来讲,中国士兵典型地体现了中国人民的伟大之处——不屈不挠、忠诚无怨、诚信为旨、毅力坚定。他们忍受清贫而毫无怨言,他们毫不犹豫紧跟指挥,他们从未把自己的行为与任何英雄壮举联系起来,他们要求甚少而随时准备奉献一切。我今天在这里很荣幸地代表美国陆军向中国士兵致敬。"

1942年,盟军缅甸战役失败,日军侵入缅甸之后,史迪威在印度兰姆伽设立训练营地,训练从缅甸撤出的部队以及从中国空运来的中国部队。在兰姆伽训练营地,中国军队新编第22师和新编第38师官兵食品供给充足,武器装备良好,医疗卫生、军饷等均有保障,并接受美国教官培训。

1943年末,史迪威带领这些接受过美军训练、配备美军装备的中国师与美军"梅里尔突击队"(Merrill's Marauders)一起进入缅北,重新开通进入中国的陆上运输供应线。在与久经沙场的日军第18师团进行的一系列战斗中,这些中国士兵信心大振,他们相信能够战胜日军。到1944年8月攻取密支那时,这些中国部队与参战的其他几个中国师已经是国军最好的部队。史迪威向世界证明了中国士兵不逊于任何盟军士兵的实力。

宋庆龄对史迪威将军贡献的归纳可能最为恰当:"史迪威将军心里总是装着中国人民的利益,他预见到中国人民的团结和力量,这种团结和力量将建设一个强大的新中国……我把他视为我的一位伟大的朋友。他坚定的信念使我为中国人民努力工作更加充满信心。中国人民将永远铭记他对中国人民的信任与友谊。"

　　在编辑这部影像集的近两年中,编辑组成员花费大量时间,查找丰富的资料,竭尽全力使影像集完美。因此,这部影像集是编辑者们殚精竭虑的工作成果。史迪威将军对中国重要历史阶段以及中国人民产生了巨大影响,这本影像集的完成为中国人民了解史迪威将军和搜集将军资料作出贡献,是对世界反法西斯战争和中国抗日战争胜利70周年的最好纪念。

约翰·伊斯特布鲁克[①]

2014年11月4日

[①] 约翰·伊斯特布鲁克(John Easterbrook),史迪威将军的外孙,美军退伍上校。

岁月难忘　友情难忘
——《史迪威将军与中国战区统帅部影像集》序

"岁月难忘　友情难忘"是我1994年为"史迪威及陪都时期在华美国人展览"的前言写下的两句话。20多年后,我把它拿来做这本书序言的题目,是想纪念中国人民和美国人民为世界反法西斯战争的胜利作出的重大贡献和结下的深厚友谊,是为记录这20多年来中美两国许许多多老前辈、老朋友和同行专家们对继承和弘扬这份历史遗产的追求与坚守,也是为了却20多年前我心中的那个愿望。

今天,这部凝聚我们多年心血的《史迪威将军与中国战区统帅部影像集》出版了,感慨良多。

抗日战争时期,重庆是中国的战时首都,是中国政治、军事、外交、经济、文化的中心。1941年珍珠港事件爆发后,中国政府正式对日宣战,与美国、苏联、英国等结为盟国,在中国设立世界反法西斯同盟国中国战区统帅部,由蒋介石担任中国战区最高统帅,统一指挥中国以及越南、泰国、缅甸等地的盟国军队对日作战。中国成为了世界反法西斯战争东方战场的重要力量,中国战场则成为亚太地区反法西斯同盟国重要的战略支柱和后方基地。

1942年,史迪威将军受美国总统罗斯福派遣来到重庆,担任同盟国中国战区统帅部参谋长和中缅印战区美军司令。史迪威是一个典型的美国军人,在华任职期间,他始终着眼于美国的军事战略,矢志不渝地争取反法西斯战争的胜利。但是随着两次入缅作战,在军队指挥权、援华物资分配、战略战术等一系列问题上,史迪威将军与蒋介石之间发生了一系列矛盾冲突。尤其是史迪威坚持认为，无论从政治、经济，还是军事方面来看，都很难单独依靠国民党去战胜日本侵略者，而以中国共产党为代表的新兴力量则是中国的未来。因此他同情共产党，希望平行地支持国共两党共同抗日。正是在他的推动下，1944年7月，第一批美军观察组进驻延安。由于上述矛盾的累积，以至于最终激化，1944年10月18日，史迪威将军被罗斯福总统召回美国，1946年10月12日病逝。

在重庆中国战区统帅部度过的这段时光中，他身先士卒，指挥中美军队和民众并肩作战，为中国抗日战争和世界反法西斯战争的胜利作出了不可磨灭的贡献。他在这一历史时期的中美关系中发挥了重要的作用，同时也与中国人民结下了深厚的情谊。因此，以中国战区统帅部为载体的战时中美军事合作，是中美关系史上的重要篇章，他也因此成为中美关系史上最重要的人物之一，是中国人民的真正朋友。

史迪威一直是中国现代史、中国抗日战争史上重要的研究课题，对他的研究，几乎就是与他在中国的活动同时开始的，但是，真正进入高潮，则是20世纪90年代以后。

20多年来，我和我的家庭亲身参加了这一系列重要的活动，至今记忆犹新。这些年来，在重庆举办的有关史迪威将军的纪念活动不少，学术研讨会也开了不少，但是似乎还没有人对此进行过系统的回顾和梳理。借本书出版之机，我把我参与并知道的一些情况记下来，作为本书的序言。

一

1979年1月1日，中国和美国建立正式外交关系，从而结束了长达30年之久的不正常状态，也使中美关系史的研究得以复苏。

1991年时值史迪威将军逝世45周年。为了纪念史迪威将军对中美两国人民共同抗击日本法西斯侵略作出的贡献，研究由此以来的中美关系，促进两国人民的相互了解、友谊、交流与合作，促进世界和平和人类进步事业的繁荣与发展，中国国际友人研究会和重庆市政府共同发起，在重庆成立了史迪威研究中心，并于10月11—13日召开了史迪威将军研讨会。会议得到了中美两国政府及有关机构的热情支持。中共中央顾问委员会常委、国务院原副总理、全国人大常委会原副委员长、中国国际友人研究会会长黄华出席会议并发表了重要讲话。除中美两国学者外，史迪威将军的女儿南希·史迪威·伊斯特布鲁克夫人（Nancy Stilwell Easterbrook）及外孙、外孙女，全国政协原常委、中国国际友人研究会副会长爱泼斯坦，当年曾在中缅印战区工作过的杨孟东，曾在史迪威将军指挥下在缅甸作战的已故戴安澜将军的儿子、女儿和曾锡珪将军的女儿等出席会议。中外人士会聚重庆，以表达对这位反法西斯坚强战士的缅怀之情，共颂友谊，探讨、展望中美关系的发展前景，产生了十分重要的影响。也是在1991年，重庆市人民政府收回了重庆市嘉陵新村3号（现建设新村63号）史迪威将军旧居（1942年3月—1944年10月他在重庆时的住址和办公场所），辟为史迪威博物馆。同年，"史迪威将军生平图片展览"举办。

　　我姐姐周敏当时在重庆市人民政府外事办公室工作。市外办安排她担任史迪威研究中心办公室主任、史迪威博物馆馆长，专门从事以"史迪威"命名的历史、文化、教育及经济方面的交流。这样的安排，可能与我们的家庭背景有很大关系。我父亲是一位20世纪30年代上半期就参加抗日救亡运动的老革命，经历了红军时期、抗战时期和解放战争时期，在农业、金融、工商、房地产等领域中从事党的统一战线工作，1978年到重庆市政协，负责文史资料的搜集、整理、编辑和出版工作，离休后还担任重庆市地方史研究会的领导工作。他因而通晓重庆历史，著述不少。而我呢，1983年从四川大学历史系毕业后，就回到重庆，在市委党校做教学与研究工作，长期从事抗日战争时期以重庆为中心的历史研究。因此，市外办领导对周敏的这一安排，显然是希望我们家庭能支持她，使"史迪威事业"能更好地发展，在重庆的改革开放、对外交流与现代化建设中发挥更大的作用。

　　1993年3月19日是史迪威将军诞辰110周年纪念日，重庆市政府又以

"历史回顾"、"经济合作"、"展望未来"为主题,举行了第二次史迪威将军研讨会。后来,研究史迪威的国际性研讨会在重庆举办过多次,会议分别以"中美内陆经济发展"(1993)、"国际资本市场与内陆经济发展"(1994)、"基础设施与城市发展"(1995)为主题,这样就把对史迪威将军的研究范畴从历史扩展到经济、外交领域,研究的程度也逐步引向深入。

与此同时,史迪威博物馆举办的"史迪威将军生平图片展览",也略显不足,需要扩大,史迪威博物馆也需要重新布置。1994年,重庆市外办决定,扩大展览内涵,并更名为"史迪威及陪都时期在华美国人展览",以此带动整个博物馆的改陈布展,以更好地展示史迪威将军在华戎马生涯,展示许许多多的美国朋友为支持中国人民的抗日战争,在中国大地、在印缅战场浴血奋战的光辉业绩,以纪念他们为世界反法西斯战争作出的历史性贡献。这个展览由史迪威研究中心主办,重庆市博物馆承办,重庆市地方史研究会协办,时任市外办副主任的张东辉、胡正荣策划,周敏、周勇总体设计,市外办周敏、刘荣宁、覃元才撰写初稿,周勇修改审定,市外办唐文、张海清和重庆工商大学徐重宁翻译,重庆市博物馆刘豫川主持制作。

展览得到了中华人民共和国外交部、重庆市人民政府、中国人民对外友好协会、中国国际友人研究会、重庆市人民政府外事办公室、重庆市人民对外友好协会、美国驻中国大使馆、美国驻成都总领事馆等有关机构和友好人士的支持和指导。美国新闻总署、美国亚洲文化交流协会、美国胡佛图书馆、美国史迪威基金会、今日中国杂志社、云南省航空联合会、重庆市地方史研究会、重庆市博物馆、重庆市图书馆为展览提供了资料。史迪威将军的女儿南希向我们捐赠了珍贵文物,提供了宝贵资料,对我们在美国搜集资料鼎力相助。

1994年10月,这个展览正式展出。为此,美国国防部长威廉·佩里(William Perry)乘军用专机飞抵重庆。此举是第二次世界大战结束以来,美国军用飞机第一次降落在重庆的机场。开幕式当天,更是盛况空前。中国国防部长迟浩田、美国国防部长佩里和史迪威将军的女儿南希·史迪威·伊斯特布鲁克出席了开幕仪式。出席开幕仪式的中方人员还有:中国人民解放军副总参谋长李景上将、国防部外事局长傅加平少将、成都军区司令李九龙上将和夫人、中共重庆市委书记孙同川、重庆市长刘志忠、重庆警备区司令牟大明大校。出席开幕仪式的美方人员还有：美国驻中国大使芮效俭、美国驻成都总领事康普、美国参议员沃纳。中美两国国防部长向展览大厅正中的史迪威将军铜像敬献了花圈，中外来宾参观了"史迪威及陪都时期在华美国人展览"。迟浩田部长为博物馆题词"史迪威将军是中国人民的真诚朋友"，佩里部长的题词是"博物馆展示了中美合作历史上极为重要的篇章，它可以看作是未来更多合作的象征"，南希的题词是"对我和整个史迪威家族，这都是美好的一天"。

2003年3月，重庆市举行了"纪念史迪威将军诞辰120周年座谈会"及"纪念史迪威将军诞辰120周年暨重庆史迪威博物馆开馆仪式"；2012年6月举行了"纪念史迪威将军来华70周年暨中缅印战区图片展"；2013年6月，中国国际友人研究会、中国公共外交协会和中国社科院又在重庆共同主办了"纪念史迪威将军诞辰130周年图片展"。

20多年来，重庆市对史迪威旧居的抢救和保护投入了大量的力量。2013年3月，经中国国务院批准，史迪威旧居以"同盟国中国战区统帅部参谋长官邸旧址"被列为第七批全国重点文物保护单位。

二

在从事史迪威研究的过程中，我认识了史迪威将军的女儿南希·史迪威·伊斯特布鲁克女士。

南希是史迪威将军的大女儿，取了一个中文名字叫"史文思"。多年来，她不遗余力地搜集史迪威将军的遗物和二战文物，并且把它们捐赠给重庆史迪威博物馆。她以80多岁的高龄，频繁地奔走于中国与美国、重庆与美国之间，推动民间友好交流，有时还把她的孙女们带到中国、带到重庆，通过耳濡目染,传递中美友好的事业。我的父亲、姐姐以及我的太太、儿子,都因此而认识了这位热情干练的老太太,并成为好朋友。她还在家乡接待中国和重庆的来访者。

1995年夏天,我到美国做访问学者,专程拜访了南希,受到她的热情接待。7月12日我从菲尼克斯飞抵蒙特雷(Monterey, California),此前她就告诉我一定要亲自到机场迎接,让我心中感动,我也一再告诉她千万使不得。然而一下飞机,我就看到了这位身着大花衬衫、满头银发、精神矍铄的老太太。那年她已经83岁了,亲自开着一辆轿车在前面带路,我们的车跟在后面。这位老太太开的车跑得飞快,我们需要紧赶慢赶才能跟上她的速度。那一天,她带我参观游览了以风光美丽而著名的"十七英里海滩",参观了20世纪初史迪威将军的两处旧居,让我充分领略了美国西海岸美丽的夏日景色,也让我紧张地进行了一个月学术性访问的神经终于松弛下来。傍晚时分,她把我带进了她自己的家——她一个人独住这里。这是一幢非常普通的平房,土灰色的外墙,石片做的瓦,竖木条做的窗户,阶沿由红砖砌就,远远看去与中国的普通农家似乎没有什么两样。只有走近它、走进它,才能感受到它的不同寻常。

宽敞的客厅里,一派东方情调。当中一套中式的家具,正面墙上是中国国防部原部长张爱萍将军潇洒的题诗:"史迪威尔名犹存,重洋难阻旧友情。京华欢宴将军女,谈笑风生如故人。"题诗两边是两堂饰金木雕条屏,记述着这位中国名将对一位美国名将的情谊。一面墙上是著名书法家端木蕻良的题诗:"史迪威名公路在,苍心犹记将军情。一门四代来中国,花簇长江打桨迎。"据说这是1985年南希从重庆乘"扬子江"号轮船东下,在船上偶遇端木蕻良一行。当端木得知南希乃美国名将之后,极为高兴,诗兴大发,一挥而就,同行的文艺家罗工柳、公木、萧乾等也纷纷在题词后面签名留念。因此,这件作品的尺幅很大,装裱后几乎占去一面墙。南希在作品两边还用中国瓷盘进行了装饰。

还有一面墙上是高低错落的几个博物架,上面摆放着中国的瓷器和古玩。墙角斜放着一个黄铜质地,大约有1.5米高,呈梯形的柜子,正面是两扇双开柜门,三面柜壁均是镂空雕花,下面有一个黄铜的座子,极为精致。一看就知道乃不同寻常之物。我不知这是什么宝物,便请教南希。方知,这就是难得一见的清代皇宫的空气降温器,是皇帝使用的特殊之物。据说每到冬季,宫中就将冰块贮藏在地窖中,到了夏天,就把冰块拿出来,放进这个黄铜柜子里,使冰块在其中逐步融化,散发冷气,给炎热的皇宫带来些许清凉。过去只是听说,想不到在美国、在史迪威家中,才一睹真容。

在她家的其他房间里,还摆放着许多中国古董,展示着一些中国字画。整个室内充满着浓郁的中国氛围。对于我这个从事历史研究的人来说,都有些应接不暇。南希告诉我,史迪威醉心于中国文化,这些东西都是他五次到中国工作时辛勤搜集的成果。我向南希提出,这批文物是一笔宝贵的遗产,千万要保存好,不要散失。我提议,将这些文物集中登记,拍摄照片,公开出版,如果可能,回到中国展出。(据南希的儿子约翰·伊斯特布鲁克告诉我,南希去世后,这些东西分别保存在她的几个子女手中。但愿如此。)

南希给我看了许多史迪威将军的遗物,其中有一张照片给我留下了非常深刻的印象。史迪威跪在地毯上拉着手风琴,而他的听众则是一只名叫"加里"(Gary)的硕大的狗。南希告诉我,史迪威的兴趣爱好非常广泛,对艺术颇有造诣。这张照片摄于1945年底,当时他已经被从中国召回,闲于家中,郁郁寡欢。确实,在这张照片上,忧郁的史迪威专注地拉着手风琴,只有他的爱犬懂得主人的心思,专注地倾听主人的琴声。一年后,史迪威将军就去世了。好一个对狗拉琴的史迪威,让我看到了这位四星上将的另一面,也使我看到了当时处在中美矛盾焦点上的史迪威将军郁闷的境遇。

晚上,南希请我在蒙特雷街上一家中国餐馆吃饭。她告诉我,张大千在世时,就住在附近,故经常光顾此地,或在此独酌,或在此宴客。因此,这家餐馆至今还保留着一道招牌菜——大千鸡。南希说,你从重庆来,恐怕很久没有吃辣椒了吧,所以点了一个大千鸡,这是当地美国人最喜欢的也是最辣的菜。上得菜来,但见大块厚实的青红椒,配上大块的鸡肉,鲜香油亮,赏心悦目。但吃在嘴里,却淡而无味,完全没有一点辣味。问过老板,才知道其中的道理。美国人怕辣,要让美国人喜欢这道大千鸡,就只好去其味而留其形,让大千鸡来适应美国人的口味。看来,大千鸡早已与时俱进地融入了美国的主流饮食潮流了。

晚饭后,我们告别,南希拥抱了我,我们相约重庆再见。她告诉我,一定还要去重庆,还要去史迪威博物馆,还要去看望我的父亲、我的姐姐和我那可爱的儿子。

只过了一年多,就传来噩耗——1997年4月16日,南希在她卡梅尔的家中去世。多好的老太太,我还在重庆等她呢,而她却去天堂见她的父亲了。

今天,我们编辑出版这部影像集,也包含着对她的怀念。愿这位对中国人民、重庆人民始终友好的老人安息吧!

三

在这20多年研究抗战历史的过程中,还有一位美国老人给我留下了深刻的印象。那就是约翰·谢伟思(John Service),一位出生在四川成都、在成都度过童年的"中国通",一位因能准确预测中美关系前景而"蒙难"的美国外交官。

抗日战争时期,谢伟思在美国驻重庆的大使馆当外交官,1943年1月,谢伟思向美国国务院提交关于国共形势的报告,最早建议向中共控制区派遣美国观察员。1943年8月起,他开始在史迪威任总司令的驻华美军总部工作。1944年6月,美国副总统亨利·阿加德·华莱士(Henry Agard Wallace)访华。史迪威等吁请华莱士向蒋介石交涉,后来在罗斯福总统的敦促下,蒋被迫同意。7月22日,美国军事观察组进驻延安,谢伟思为成员之一,被委任为观察组政治顾问。

在延安期间,作为其中唯一的外交官,负责与中国共产党高级干部之间的交往,因此他与毛泽东、周恩来、朱德等多次长谈。其中,与毛泽东的谈话多达50多次。他并不认同共产主义,而是从美国的根本利益出发,认识到中共的潜在力量,富有远见地预测,如果美国一味扶持国民党,势必会导致中国内战的爆发,结果很可能是中共获胜,而使美国最终失掉中国。在这一点上,他与史迪威将军见解颇为相似。由于他与中共领导人的"亲密"接触,当美国在战后实施扶蒋反共政策后,他在美国被斥为"共产主义的同情者",成为美国"丢失中国"的替罪羊,后半生一再被麦卡锡主义纠缠,甚至被国务院除名,失去外交官的资格。直到20世纪70年代中美关系解冻,关系正常化,他才被恢复名誉。

我是在见到南希后的第二天拜访这位老人的。那年他已经86岁了,和太太一起,住在美国加利福利亚州奥克兰的一座公寓里。我到达时,他早已在门口等候多时。这是一个面容清癯、和蔼可亲的老人,思路清晰,腰板硬朗,精神健旺,每天工作,很难相信他已进入耄耋之年。我用普通话问他还能不能说四川话,对四川、对重庆还有什么印象。他马上用四川话对我说:"你们刚才拢了。"这纯正的四川话是我踏上美洲大陆以后听到的第一声"乡音",令人倍感亲切,引起了在场的几位中美两国朋友的喝彩。

那天我们的谈话长达三个小时,话题非常广泛。我们谈到了他的出生地成都和对四川重庆的印象;谈到了他怎么从大上海来到雾重庆,初识中国共产党人周恩来;谈到了他如何促成美国政府向延安派驻美军观察组,从而开始美国政府与中国共产党交往的历史。他说,当时的重庆与延安是两个完全不同的世界。在重庆,最大的特点是等级森严,所有军官的住地都有人站岗。高级军官是决不会同百姓、士兵交流的。一到延安,整个气氛都变了,甚至天气都不一样。重庆的天气阴沉,见不到太阳,还不断地下雨,而一到延安则万里晴空,使人感到很亲切。

在他的讲述中,最为重要的是,他与中国共产党领导人毛泽东、朱德、彭德怀、林彪、聂荣臻、博古等的谈话。最为精彩的当属他与毛泽东的三次长谈,其中最长的一次达六小时。毛泽东和他谈的中心内容是,中国要与美国长期合作,即不仅在战时合作,战后也要合作。毛泽东还通过谢伟思向美国政府透露了一个重要的意向,那就是他打算直接到美国去会见罗斯福总统。毛泽东要谢伟思马上打电报给美国驻重庆大使馆,说他要到重庆去,然后从重庆去美国。但不知由于什么原因，这个电报一个月以后才到达重庆。从重庆到美国国务院，又花了一个多月。这样两个多月过去了，形势也变化了，这个事就没法再谈了。后来，毛泽东多次对别人讲，谢伟思等人是他的朋友。

我们分手的时候，他的眼睛里闪现着激动的光彩，一字一句地说："中国的抗日战争是第二次世界大战的一个组成部分。中国战场牵制了日本军队的力量，为战争的胜利作出了贡献。"

指着客厅墙上挂着的周恩来总理1972年接见他的大幅照片，他不忘提醒我说："当年的延安有一种精神，一种民主的精神，一种奋发向上的精神，这是十分宝贵的。这不但对中国共产党是十分重要的，而且对我们这些当时不过20多岁的美国人来说，也受益匪浅，可以说这些东西深深地影响了我们的一生。我想，这种精神决不应当因为时间的久远而淡忘，而是今天中国人民应当好好继承和发扬的。"

与谢伟思告别后，我就踏上了返回中国的航程。"不要忘了延安精神"这句话始终在我的脑海里挥之不去。我还想到了已经故去的史迪威将军，想到了前一天会见的史迪威将军的女儿——83岁的南希，想到了那些历经半个多世纪，仍然眷念着重庆、眷念着延安、眷念着中国，始终对中国人民怀有真挚感情的美国朋友们……在太平洋上的万米高空，我写下了《不要忘了延安精神》一文。

四

最后，我要说说这本书和为这本书做序的约翰·伊斯特布鲁克（John Easterbrook）。

约翰·伊斯特布鲁克是南希的儿子，是史迪威的外孙，曾在美军服役，上校军衔。南希去世以后，他担负起搜集史迪威文物，沟通中美两国学界和民众的重任。尤其是进入21世纪后，他多次来到重庆，有时甚至把太太和两个漂亮的女儿也带来,使得以"史迪威"为主题的中美交流与友好得以代代延续。

也由于上述工作的关系,我和我的家庭搜集了一批史迪威将军和他的家庭的照片资料。20多年前,我就想把这些照片编辑出版,让中国人民记住史迪威这位中国人民伟大的朋友,也纪念史迪威的儿女们,尤其是我所熟悉的南希老人。但是,这个愿望一直没有机会实现。

2008年起,重庆实施"中国抗战大后方历史文化研究与建设工程"。2011年,重庆市委宣传部委托重庆工商大学徐重宁教授主持"史迪威将军与中国抗战大后方海外档案资料集"项目。几年来,在徐教授的主持下,冯嘉琳、周敏女士为此付出了极大的辛劳。她们到美国斯坦福大学胡佛研究所档案馆、美国国家档案馆、美国国会图书馆和中国第二历史档案馆、重庆市档案馆、重庆图书馆等地,搜集到大量的有关史迪威抗战时期在华档案、文献、史料、照片等。在过去20多年中,她们三位与史迪威家族都有良好的私人关系,结下深厚的友谊,促进了许多交流合作,所以,她们的工作便得到了以约翰·伊斯特布鲁克为代表的史迪威家族的支持,收获丰厚。

这件事还得到了美国驻成都总领事馆前任总领事何孟德(Haymond)和现任总领事谷立言(Raymond Greene)的支持,他们为本书提供了一批二战时期史迪威和中美人民联合作战,抗击日本法西斯侵略的历史照片。

正是由于20多年的积累和方方面面的支持,我们终于得以编成这部《史迪威将军与中国战区统帅部影像集》。

周 勇[①]

[①]周勇,重庆市人大常委,重庆市人大教科文卫委员会副主任委员,中国抗日战争史学会副会长,中国抗战大后方研究协同创新中心主任,西南大学教授、博士生导师。

译者说明

1. 为了记住这些为抗日战争作出贡献的美国官兵，我们尽可能保留了英文名字，英文名字主要来自照片本身的说明，部分名字由约翰·伊斯特布鲁克确认。照片原标记的个别英文名字可能与现在拼写不一致，我们在整理文字时如实按照原文输入。

2. 外国人名除已约定俗成的翻译外，如史迪威、陈纳德、蒙巴顿等，均根据发音翻译成中文，并附上原稿中的英文名。

3. 照片中涉及到的官员在抗战期间职位有所晋升，因此，部分官员前后头衔可能不同，我们尽量根据图片原始说明标注。

4. 个别中国境内地点名称，我们无法找到准确的中文地名，故仅用原始资料中的英文标注；个别人名无法确认中文名，亦做同样的处理。

5. 因为缅甸地名没有统一翻译标准，我们在写出中文翻译名后，仍保留英文原文；同一张图片，如果说明中地名重复出现，只标注一次英文。

6. 美军的军衔中的技术五等兵相当于下士、技术四等兵同于中士、技术三等兵相等于上士。我们保留资料的原始标注。

7. 史迪威公路开通前，有滇缅公路、中印公路、利多公路、缅甸公路之称，我们按照原始档案中名称翻译标注。

徐重宁
2015年1月1日

目 录

总　序 ……………………………………………………… 章开沅 1

史迪威在中国
　　——《史迪威将军与中国战区统帅部影像集》序 … 约翰·伊斯特布鲁克 1

岁月难忘　友情难忘
　　——《史迪威将军与中国战区统帅部影像集》序 …………… 周　勇 1

译者说明 ………………………………………………………… 徐重宁 1

引　子 ……………………………………………………………………… 1
一、早期生涯与四次来华 …………………………………………………… 2
二、第五次来华：出任中国战区统帅部参谋长 ………………………… 56
三、第一次缅甸战役 …………………………………………………… 139
四、整训中国军队 ……………………………………………………… 206
五、打通中印公路 ……………………………………………………… 270
六、开辟"驼峰航线" …………………………………………………… 423
七、中国战区的"飞虎队" ……………………………………………… 454
八、指挥"梅里尔突击队" ……………………………………………… 501
九、赢得第二次缅甸战役 ……………………………………………… 533
十、派遣"延安观察组" ………………………………………………… 917
十一、解职归国 ………………………………………………………… 955

十二、新负重任 …………………………………… 972

十三、中美人民的怀念 …………………………… 1010

附录 ………………………………………………… 1078
    史迪威将军任职年表 ………………………… 1078
    史迪威将军晋升年表 ………………………… 1082
    史迪威将军获奖列表 ………………………… 1083

资料来源 …………………………………………… 1084

参考文献 …………………………………………… 1085

后记 ………………………………………………… 1087

引 子

2015年是中国人民抗日战争暨世界反法西斯战争胜利70周年。1945年8月15日,日本宣布无条件投降,中国终于摆脱了被屠杀和蹂躏的命运。无数热爱和平、勇敢顽强的先辈们赴汤蹈火,用生命和鲜血赢得了这场胜利。约瑟夫·沃伦·史迪威(Joseph W. Stilwell)将军就是其中的杰出代表。他一生曾五次来到中国,是中美关系史上最具影响的人物之一,是中国人民真诚、伟大的朋友。史迪威的名字是与中国抗日战争的历史紧密联系在一起的。1942年3月,他第五次来到中国,出任盟军中国战区统帅部参谋长,为中国抗日战争的胜利作出了重大贡献,为中国人民永志不忘。

30多年来,我们致力于史迪威将军与中国战区统帅部历史资料的搜集、整理与研究。在世界反法西斯战争胜利70周年之际,我们怀着对史迪威将军深切的缅怀和崇高的敬意,编辑出版了这本《史迪威将军与中国战区统帅部影像集》,就是为了留下这段历史的珍贵记忆。翻看这一张张真切清晰、栩栩如生的照片,我们仿佛回到了抗日战争那段艰难困苦的岁月,那如火如荼的训练基地、蜿蜒曲折的泥泞公路、危机四伏的缅甸丛林、硝烟弥漫的抗日战场,无处没有史迪威将军的身影;同时,我们也清晰地看到了中美军队在史迪威将军的指挥下克服困难、顽强抗日,最后收复缅甸北部,开通史迪威公路,有力地支撑了中国抗战的历史画卷。我们以出版影像集这种特有的方式纪念史迪威将军,并缅怀所有在抗日战争中为中华民族的独立和解放作出贡献的官兵和民众。

一、早期生涯与四次来华

约瑟夫·沃沦·史迪威于1883年3月19日出生在美国佛罗里达州,毕业于美国西点军校,曾担任西点军校及美国本宁堡步兵学校教官等职,先后驻菲律宾、法国、德国,经历过第一次世界大战烽火的考验。

1911年,史迪威第一次踏上中国的土地,独自在中国游历了17天,目睹了辛亥革命中翻天覆地的东方古国,体察了中国特有的风土民情。

1920—1923年,史迪威将军作为美国陆军首任驻华语言军官第二次来到中国,同时任职于美国驻华武官处。他刻苦学习中文,狂热地迷恋上中国文化。这一期间,他还受聘于国际赈灾委员会,在山西主持修筑向灾区运送粮食的公路。山西修路的经历使史迪威将军得以对中国老百姓的穷苦生活有了进一步的了解,对中国人民吃苦耐劳的品质、乐观幽默的性格有了深刻的认识。

1926—1929年,史迪威将军第三次来到中国,出任美国驻天津第15步兵团营长。他曾冒着生命危险,历经艰险,独自南下获取北伐军情报,被公认为是当时在华美国军官中唯一可以去执行徐州任务并安全返回的人。

1935—1939年,史迪威将军第四次来到中国,在北平就任美国驻华使馆武官。在此期间,他与各阶层人士广泛接触,曾拜会中共领导人周恩来、叶剑英,结识了国民党高级将领李宗仁、何应钦、白崇禧等,并拜会了蒋介石夫妇,足迹遍及中国腹地。他亲历了卢沟桥事变全过程,坚持用笔记下所见所闻,用敏锐的眼光分析中国社会和各派政治力量,形成自己独特的看法。

深入实地的调研考察,使他掌握了中国当时纷繁复杂的背景知识,成为美国上层将领中有名的"中国通"。

▲ 史迪威家人在纽约州扬克斯市（Yonkers, NY）住宅。史迪威的父亲本杰明·史迪威（Benjamin Stilwell）退休后在扬克斯建造了一幢可以俯瞰哈德逊河的房子，史迪威在这里度过童年和少年大部分时间。

档案来源：约翰·伊斯特布鲁克（John Easterbrook）

一、早期生涯与四次来华　5

▲ 史迪威幼儿时期照片。作为孩子,史迪威异常聪明、活泼,并富有强烈的进取心。他充满了乐趣和冒险的生活无疑也锻炼了他的思维、感知和语言能力,使幼年的史迪威与同龄人相比,表现出极高的语言天赋。(1886—1887年之间拍摄)
档案来源:约翰·伊斯特布鲁克(John Easterbrook)

▲ 史迪威中学期间与橄榄球队队员们，前排左二为史迪威。进入中学以后，史迪威对体育活动产生了浓厚的兴趣。他是扬克斯高中(Yonkers High School)橄榄球队的中卫。球场上，史迪威灵活多变的组织才能和熟练精湛的球艺，常常赢得阵阵热烈的喝彩。他被称赞为球场上的"力量源泉、灵感和野战司令"(塔奇曼，1994：6)。(1898年)
档案来源：约翰·伊斯特布鲁克(John Easterbrook)

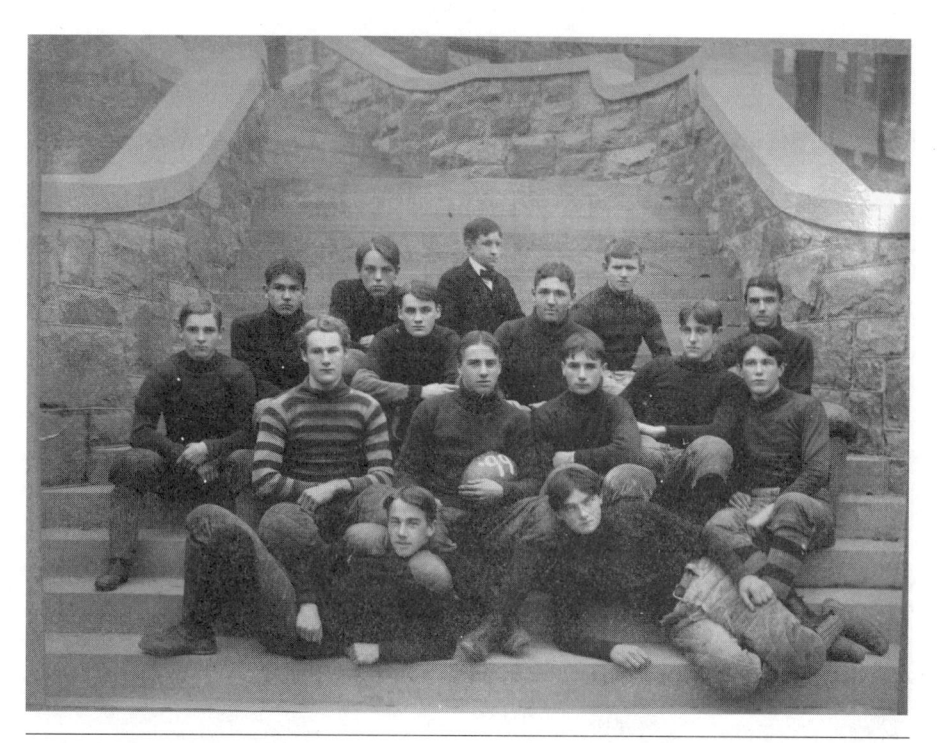

▲ 史迪威与扬克斯高中（Yonkers High School）橄榄球队队员合影，第三排右一为史迪威。1899年，史迪威以大将风度指挥扬克斯高中球队，战胜了纽约市和西切斯特的所有高中橄榄球队，扬克斯高中为此欣喜若狂，举行了庆祝典礼，为全体队员颁发了奖金。(1899年)
档案来源：美国斯坦福大学胡佛研究所档案馆（Joseph W. Stilwell\Box 98\J.W. Stilwell Collection 51001-207.04）

▲ 史迪威与扬克斯高中（Yonkers High School）军训队，前排左三为史迪威。史迪威中学时代积极参加和组织各种活动，发挥组织才能，为其以后的军事生涯奠定了基础。（1899年）
档案来源：约翰·伊斯特布鲁克（John Easterbrook）

▲ 少年时代的史迪威。(1899年)
档案来源：约翰·伊斯特布鲁克（John Easterbrook）

▲ 身着橄榄球服的史迪威。(1903年)
　　档案来源：约翰·伊斯特布鲁克(John Easterbrook)

▲ 史迪威1900年7月进入西点军校,成为西点军校一年级学员,是当年西点军校最年轻的学员之一。(1903—1904年间)
档案来源:约翰·伊斯特布鲁克(John Easterbrook)

Joseph W. Stilwell
as a cadet at West Point.

▲ 作为西点军校学员的史迪威。西点军校的目标是把学生培养成既服从命令、有自我牺牲精神和集体主义观念，又独立思考、具有国家观念和高度责任感的有能力指挥现代战争的指挥官。学员们佩戴的校徽由秃鹰、钢盔、短剑构成的图案，上面印刻着西点军校校训："责任、荣誉、国家。"西点军校的培养在史迪威以后的军事生涯中打下了深深的烙印。(1900—1904年间)
档案来源：约翰·伊斯特布鲁克(John Easterbrook)

▲ 1904年6月,史迪威以见习少尉军衔从西点军校毕业。在毕业的124名学员中,史迪威成绩排在第32名,在班上名列前3名,史迪威选择了陆军,二十出头的他已经被训练成雄心勃勃的美国职业军官。
档案来源:约翰·伊斯特布鲁克(John Easterbrook)

▲ 史迪威时任西点军校少尉。(1910年)
档案来源：约翰·伊斯特布鲁克（John Easterbrook）

一、早期生涯与四次来华　15

▲ 1910年10月，史迪威与威妮弗雷德·A.史密斯（Winifred A. Smith）结为伉俪，相爱终身。图为史迪威与夫人的婚礼。（1910年10月）
档案来源：约翰·伊斯特布鲁克（John Easterbrook）

▲ 青年时代的史迪威赴日本。1911年，史迪威假期携新婚妻子威妮弗雷德（Mrs. Winifred Stilwell）乘船去日本旅行。
档案来源：约翰·伊斯特布鲁克（John Easterbrook）

▲ 史迪威于1911年11月第一次来华。1911年1月，史迪威携夫人威妮弗雷德（Mrs. Winifred Stilwell）前往菲律宾服役，同年9月，史迪威与夫人同游日本。11月，在结束日本的旅游后，史迪威送走怀孕的妻子，搭上开往中国的邮轮，独自一人前往中国。此时正值中国的辛亥革命，他游历了上海、厦门、广州、梧州、香港等地，以猎奇的眼光观察着周围的一切，不知疲倦地作了大量札记。这次中国之行给他留下了不可磨灭的印象，开始结下与中国的不解之缘。

档案来源：约翰·伊斯特布鲁克（John Easterbrook）

▲ 史迪威在美驻菲律宾的步兵第12团服役。他所在连队给予他"优秀"的评价,称赞他"非常优秀,工作努力,效率很高"(塔奇曼,1971:23)。(1904—1906年间)
档案来源:约翰·伊斯特布鲁克(John Easterbrook)

▲ 史迪威将军(前排左五)在美国加州蒙特雷(Monterey,CA)与第12步兵团D连。1912年1月,史迪威离开菲律宾回到美国,在驻加州蒙特雷的第12步兵团D连服役。1913年8月,史迪威重新回到西点军校任教。(1912—1913年间)
档案来源:约翰·伊斯特布鲁克(John Easterbrook)

▲ 时任西点军校上尉的史迪威。(1916—1917年间)
　档案来源：约翰·伊斯特布鲁克(John Easterbrook)

▲ 1917年4月，美国对德宣战，刚扩充的美军需要大批军官，史迪威（左四）被派往弗吉尼亚州李营（Camp Lee, VA）任第80师旅长副官，被提升为临时少校。(1917年)
档案来源：约翰·伊斯特布鲁克（John Easterbrook）

▲ 史迪威将军在法国肖蒙(Chaumont, France)。1917年12月,史迪威奉命赴法国到美国远征军第4军报到,从事情报工作。1918年1月19日史迪威抵达法国,他中学时代造诣颇深的法语终于得到发挥的机会。(1919年6月)
档案来源:约翰·伊斯特布鲁克(John Easterbrook)

▲ 史迪威将军在法国。1918年1月—1919年7月,第一次世界大战期间,史迪威在欧洲服役一年半,任驻法国情报官员;1919年1—6月,史迪威将军被派驻德国,执行占领任务。离开德国后,史迪威在法国旅行至1919年7月4日,再乘船返回美国。史迪威经历了真正的炮火洗礼,提升为临时上校,并获优秀服务勋章。他的上司称他"是战争中培养起来的最能干的情报官之一"(塔奇曼,1971:71)。

档案来源:约翰·伊斯特布鲁克(John Easterbrook)

▲ 史迪威早年在北平颐和园。(1920—1923年间)
档案来源：约翰·伊斯特布鲁克(John Easterbrook)

▲ 史迪威将军在中国山西。1920年9月20日—1923年7月8日,史迪威作为美驻中国的语言军官在北平学习中文。其间1921—1922年,史迪威担任山西筑路总工程师,在山西修公路,公路起于汾阳,终点于黄河的军渡。山西筑路是把他和中国紧密联系在一起的重要一环。(1921年)
档案来源:约翰·伊斯特布鲁克(John Easterbrook)

▲ 史迪威将军,时任少校,在中国山西考察道路。担任山西筑路工程总工程师期间,史迪威或骑马或步行考察、督促筑路工作。(1921—1922年)
档案来源:约翰·伊斯特布鲁克(John Easterbrook)

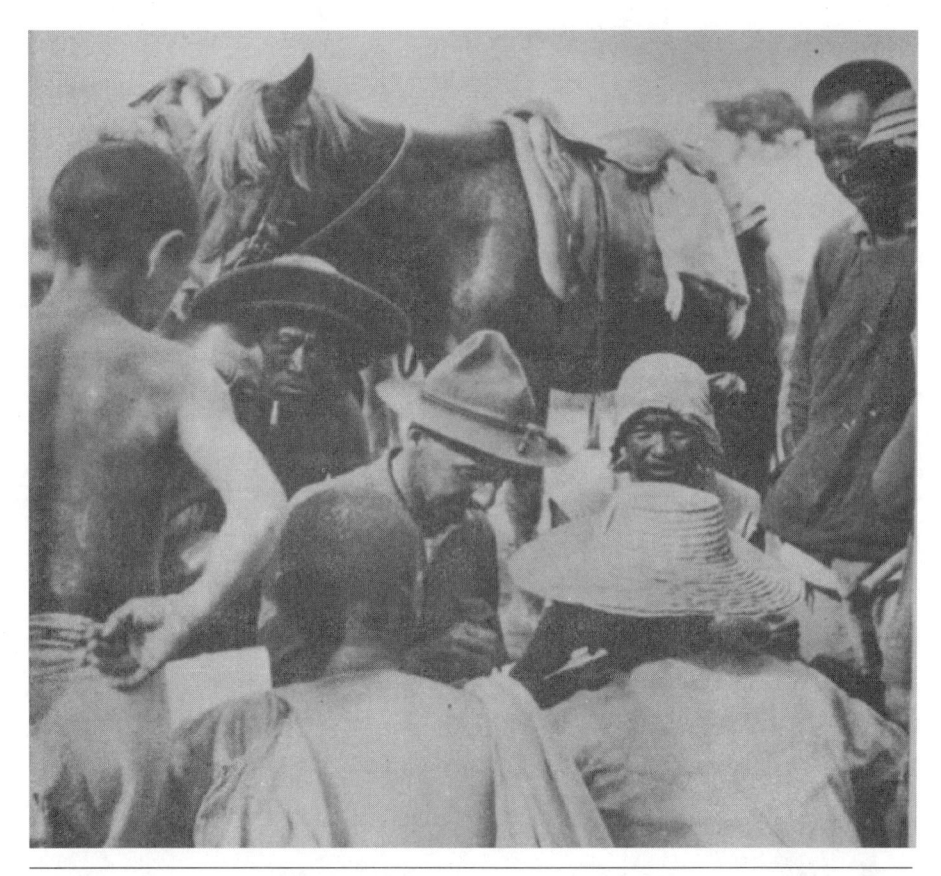

一、早期生涯与四次来华　27

▲ 史迪威在黄河边公路上工作,与修路的民工们在一起。史迪威喜欢和这些老百姓在一起,他发现他们性格开朗、诙谐,充满人情味。在山西的乡村里,他曾经被人当作医生领去为中国儿童看病,曾掏钱为拉大车的农民买鞋子。在与中国农民的交往中,他领略到淳朴的民风,感受到中国人民的热情友好。(1921—1922年)
档案来源:约翰·伊斯特布鲁克(John Easterbrook)

▲ 由史迪威担任筑路总工程师修筑的山西公路长82英里、宽22英尺，工程从1921年4月开始，7月底如期竣工。图为史迪威将军参加山西公路落成纪念会，左站立者为史迪威将军。(1921年)
档案来源：约翰·伊斯特布鲁克（John Easterbrook）

▲ 史迪威早年与家人在北平大方家（Ta Fang Chia）胡同23号家中。1920—1923年史迪威全家在此居住。(1920—1923年间)
档案来源：约翰·伊斯特布鲁克（John Easterbrook）

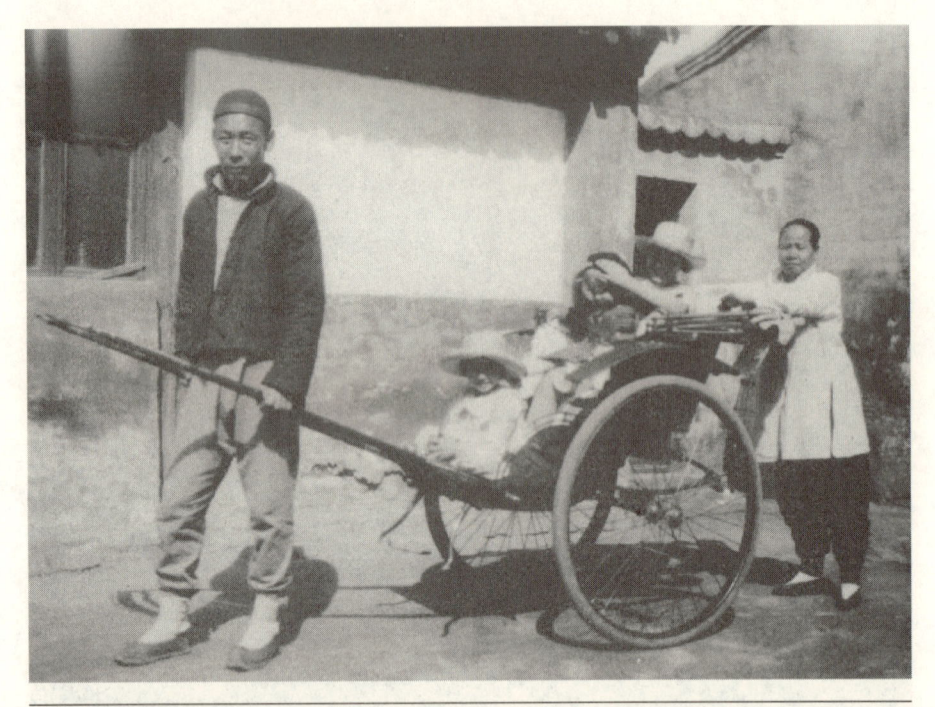

▲ 史迪威的女儿们在北平乘坐人力车。从左至右：人力车夫陈(Ch'ing)，史迪威的女儿威妮弗雷德(Winifred "Doot")、艾莉森(Alison)、南希(Nancy)，张妈(Ch'ang Amah)。(1920—1923年间)

档案来源：约翰·伊斯特布鲁克(John Easterbrook)

▲ 史迪威在北平大方家(Ta Fang Chia)胡同23号家中。他与家人于1920—1923年在此居住。(1920—1923年间)

档案来源：约翰·伊斯特布鲁克(John Easterbrook)

▲ 史迪威与夫人威妮弗雷德（Mrs. Winifred Stilwell）在北平大方家（Ta Fang Chia）胡同23号家中。1920—1923年，他们在此居住。（1920—1923年间）
档案来源：约翰·伊斯特布鲁克（John Easterbrook）

▲ 1926年，史迪威第三次来华，出任美国驻天津第15步兵团营长。图为史迪威（前排左起第六）与美军驻天津第15步兵团官员。（1926年）

档案来源：美国斯坦福大学胡佛研究所档案馆（Joseph W. Stilwell\Box 112\TTT J.W. Stilwell Collection 51001-10 A-V）

▲ 史迪威在天津。(1926年,天津和华照相馆拍摄)
档案来源:约翰·伊斯特布鲁克(John Easterbrook)

▲ 史迪威家人与中文教员管文纯先生在天津。1920年9月20日—1923年7月8日期间，史迪威将军作为美国派往中国的语言军官，在北平华北协和语言学校学习中文。他迷恋上中国的文化，经常阅读中文报刊，并试图读懂中国的古代典籍。他的中文教员管先生根据名字发音给他取了一个中文名字"史迪威"。"史"即历史，"迪"即启发引导，"威"即尊严和威望。图中从左至右：管先生，史迪威将军的女儿威妮弗雷德(Winifred "Doot")、南希(Nancy)、艾莉森(Alison)，史迪威的夫人威妮弗雷德(Mrs. Winifred Stilwell)，史迪威。(1926—1929年间)

档案来源：约翰·伊斯特布鲁克(John Easterbrook)

▲ 史迪威(左五)与驻华的外国武官摄于天津,从左至右分别是意大利、英国、日本、法国、美国武官。(1926—1929年期间)
档案来源:约翰·伊斯特布鲁克(John Easterbrook)

▲ 史迪威与美军官员在美国本宁堡步兵学校(Fort Benning, GA)。前排正中为乔治·C.马歇尔(George C. Marshall)上校,史迪威在其左,在他们正后面是奥马尔·布雷德利(Omar Bradley)少校。史迪威时为中校,任本宁堡教官。(1932年)
档案来源:周敏

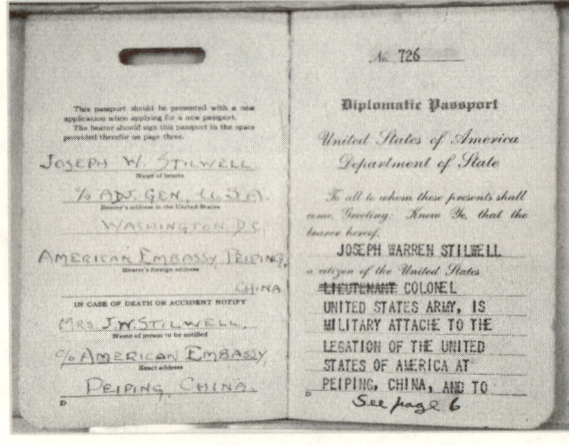

▲ 史迪威美国护照和来华签证。
　档案来源：美国斯坦福大学胡佛研究院档案馆（J.W. Stilwell Collection）

▲ 史迪威将军在中国北平。(1936—1937年间拍摄)
　档案来源：约翰·伊斯特布鲁克（John Easterbrook）

▲ 史迪威夫人威妮弗雷德（Mrs. Winifred Stilwell）与唐宝昭（Tang Bao-chao）在北平家里举行的晚会上。(1935—1939年间)
档案来源：约翰·伊斯特布鲁克（John Easterbrook）

▲ 史迪威于1935—1939年期间在北平喜鹊(Hsi Ch'iao)胡同4号的住宅。
档案来源：约翰·伊斯特布鲁克(John Easterbrook)

▲ 史迪威将军与夫人威妮弗雷德(Mrs. Winifred Stilwell)摄于北平,史迪威将军时任美国驻华武官。(1935—1939年间)
档案来源:约翰·伊斯特布鲁克(John Easterbrook)

▲ 史迪威将军在中国北平,时任美国驻中国武官。这是史迪威女儿最喜欢的一张父亲照片。(1936年)
档案来源:约翰·伊斯特布鲁克(John Easterbrook)

▲ 史迪威将军家人在北平家中。从左至右：艾莉森（Alison）、威妮弗雷德（Winifred "Doot"）、史迪威将军的夫人威妮弗雷德（Mrs. Winifred Stilwell）、史迪威将军、史迪威将军的儿子本（Ben）。（1936年9月）
档案来源：约翰·伊斯特布鲁克（John Easterbrook）

▲ 1935年7月,史迪威第四次来到中国,任美国驻华公使馆武官。他对中日战争有深刻敏锐的洞察力,并对日本军队作了深入的研究。这对他后来对日作战获益匪浅。图为史迪威陪同英、法、意国观察员视察日本军队,左七为史迪威,左五是担任史迪威日语翻译的泰勒上尉。(1935—1939年)

档案来源:周敏

▲ 中日战争爆发之初,史迪威在卢沟桥了解战况,史迪威背后是日本士兵。"七七"事变后的第三天,史迪威亲自驱车去宛平,想与中国驻防部队取得联系,他深深地为中国的危机感到担忧。(1937年)

档案来源:约翰·伊斯特布鲁克(John Easterbrook)

▲ 史迪威任驻华武官时在中国南方步行考察。(1936年)
档案来源：约翰·伊斯特布鲁克（John Easterbrook）

▲ 史迪威在路边与中国士兵交谈。史迪威对中国抗战的信心来源于对中国人民尤其是中国士兵的了解和认识,这也成为他后来在中国执行特殊使命时力量的源泉。

档案来源:约翰·伊斯特布鲁克(John Easterbrook)

▲ 史迪威在中国。(1938年)
档案来源:约翰·伊斯特布鲁克(John Easterbrook)

▲ 绥远考察期间,史迪威与中国官员在绥远餐馆前合影。
档案来源:约翰·伊斯特布鲁克(John Easterbrook)

▲ 史迪威与驻中国的外国武官合影。(1937年)
　档案来源:周敏

▲ 史迪威的大女儿南希(Nancy)在北平。(1938年)
　档案来源：约翰·伊斯特布鲁克(John Easterbrook)

一、早期生涯与四次来华　53

▲ 史迪威在中国开封的一辆军列上。1938年2月,史迪威经过反复要求,终于冲破封锁,获准到外地去考察。他得出的结论是:对于抗日,中央消极,地方积极。(1938年)
档案来源:约翰·伊斯特布鲁克(John Easterbrook)

▲ 史迪威肖像。
　　档案来源：约翰·伊斯特布鲁克（John Easterbrook）

▲ 史迪威将军,时任第3军团司令。(1940—1941年)
档案来源:周敏

二、第五次来华：出任中国战区统帅部参谋长

1941年12月7日，珍珠港事件爆发，美国对日宣战。12月9日，中国政府正式对日宣战，并与美、英建立军事联盟，组成中国战区统帅部，由蒋介石任中国战区统帅。中国战区的建立拉开了中国军队与盟军协同作战的序幕，成为世界反法西斯战争东方战场的重要组成部分。

为直接获取美国的援助，蒋介石要求美国选派高级将领担任中国战区联军参谋长。经美国陆军参谋总长马歇尔推荐，罗斯福总统派史迪威将军来华，并委以"中国战区参谋长、在华美国空军指挥官、美军驻华军事代表、中缅印战区美军总司令、东南亚盟军司令部副司令、对华租借物资负责人"等重任。史迪威将军被授予陆军中将军衔。1944年8月，由于他在密支那战役中的突出贡献，晋升为四星上将。

史迪威将军来华的主要使命是保障滇缅公路的畅通，确保美国租借物资能顺利运抵中国，监管运到中国的物资的分配，帮助提高中国军队的战斗力，促使中国积极有效地抗战，以实现战时美国的军事利益。

1942年3月4日，史迪威将军与其参谋部人员飞抵重庆。他在重庆的住所原是宋子文建造的一座西式楼房，史迪威将军在这里设立了自己的办公室。在中国战区统帅部任职期间，他每次到重庆都住在这里，并在此主持军事会议、举行记者招待会、会见中外政要。

在重庆，史迪威正式拜会了蒋介石，阐明了美国赋予他的来华使命和职权，表达了他对缅甸作战的初步设想，同时就缅甸战局、计划反攻等与蒋介石

展开了面对面的博弈。他与孙中山遗孀宋庆龄建立了真诚的友谊,为其主持的国际性民间组织——"保卫中国同盟"募集了许多国际友人资助陕北的物资,并动用美国军用飞机帮助设法转送至延安。"七七"事变纪念日,史迪威将军作为盟军驻华最高指挥官,应邀在重庆国际广播电台作了讲话。他代表美国政府向蒋介石授予荣誉军团勋章,这是战时美国政府给予外国人的最高荣誉。也正是从重庆出发,史迪威将军奉命指挥了中国军队两次入缅的战役。

▲ 史迪威将军肖像。
档案来源：约翰·伊斯特布鲁克（John Easterbrook）

二、第五次来华：出任中国战区统帅部参谋长

▲ 蒋介石任命史迪威将军为中国战区参谋长之任命状。（1942年4月24日）
档案来源：《世纪之变——辛亥百年珍藏史料展》，美国斯坦福大学胡佛研究所档案馆，2011年

▲ 史迪威与蒋介石在缅甸眉苗（Maymyo, Burma）。(1942年4月7日)
美军通信兵照片（编号：16695-FA）
档案来源：美国国家档案馆（Joseph W. Stilwell Photo\208-N-16695-FA）

二、第五次来华：出任中国战区统帅部参谋长　61

▲ 史迪威与蒋介石和宋美龄在缅甸眉苗（Maymyo, Burma）合影。（1942年4月7日）
美军通信兵照片（编号：S-6626-10-3148）
档案来源：美国国家档案馆（Joseph W. Stilwell Photo\208-PU-193-10）

▲ 史迪威将军与蒋介石、宋美龄在缅甸眉苗(Maymyo, Burma)合影。(1942年4月7日)
档案来源：东方IC

二、第五次来华：出任中国战区统帅部参谋长

▲ 抗日战争爆发后，中美政府间的联系不断加强，各种代表团先后来到重庆，代表美国政府和蒋介石会谈，力求在重大问题上达成一致协议，以协调战时的中美关系。1942年10月2日罗斯福的私人代表温德尔·威尔基(Wendell Willkie)由成都飞抵重庆，国民党政府在机场举行了盛大的欢迎仪式。图为威尔基抵达重庆，受到史迪威将军与盟军其他将军和大使们的欢迎。从左至右：史迪威将军、美国大使克拉伦斯·高斯(Clarence Gauss)、英国大使贺拉斯·赛莫尔爵士(Sir Horace Seymour)、中国国民军事委员会商震主席。(1942年10月2日)

档案来源：约翰·伊斯特布鲁克(John Easterbrook)

▲ 史迪威将军等在重庆机场迎接温德尔·威尔基(Wendell Willkie)。图中握手杖者为美国大使克拉伦斯·高斯(Clarence Gauss)、戴软呢帽面对镜头者为苏联大使亚历山大·S.潘纽什金(Alexander S. Paniushkin)。(1942年10月2日)
档案来源：约翰·伊斯特布鲁克(John Easterbrook)

▲ 史迪威将军与儿子小约瑟夫·W.史迪威(Joseph W. Stilwell, Jr.)中校于1942年圣诞节期间在重庆。(1942年12月)
档案来源：约翰·伊斯特布鲁克(John Easterbrook)

▲ 史迪威将军参加蒋介石在重庆举行的圣诞晚会。面对镜头者为史迪威(左一)、蒋介石(左二)。(1942年12月)
档案来源:约翰·伊斯特布鲁克(John Easterbrook)

▲ "猴子不听话,多恩很尴尬,哈维照成黑人啦。"前排自左至右为哈维·爱德华(Harvey Edward)、弗兰克·多恩(Frank Dorn);后排为史迪威将军(左二)、比尔·伯金(Bill Bergin,左三)。(1942年圣诞节于重庆)

档案来源:约翰·伊斯特布鲁克(John Easterbrook)

▲ 史迪威将军与格鲁克曼(Gluckman)、弗兰克·多恩(Frank Dorn)、埃米特·J.泰森(Emmett J.Theisen)、小约瑟夫·W.史迪威(Joseph W.Stilwell, Jr.,史迪威将军之子)、爱德华兹(Edwards,军需官)、鲍勃·威廉姆斯(Bob Williams)、赫恩(Hearn)、理查德·杨(Richard Young)、比尔·伯金(Bill Bergin)等美军官员在重庆圣诞节举行的晚会上。(1942年)

档案来源:约翰·伊斯特布鲁克(John Easterbrook)

二、第五次来华：出任中国战区统帅部参谋长　69

▲ 史迪威将军（前排中）接受中国妇女团体赠旗。第二排从左至右：黄仁霖（蒋介石的联络官）、约翰·麦克安纳利（John McAnally）、威廉（William）将军、斯诺（Snow）上校、小约瑟夫·W.史迪威（Joseph W. Stilwell, Jr.，史迪威之子）中校。（1943年1月6日）
档案来源：约翰·伊斯特布鲁克（John Easterbrook）

▲ 1942年3月5日史迪威飞抵重庆后,国民政府将位于重庆渝中区嘉陵新村63号,早期宋子文的行馆作为他的司令部兼住宅。在中国战区任职的两年零八个月里,史迪威每次来重庆都住在这里,并在此主持军事会议、举行记者招待会、接见中外来宾。图为史迪威将军在中国重庆的司令部办公室。(1943年1月12日)
美联社照片
美国国家档案馆存(Joseph W. Stilwell Photo\Records of the Office of War Information Prints photos of Notable Personalities, 1942–1945 Stilwell\Box 193\208–PU–193P)
档案来源:东方IC

▲ 史迪威将军与重庆美军司令部人员。
　档案来源：约翰·伊斯特布鲁克（John Easterbrook）

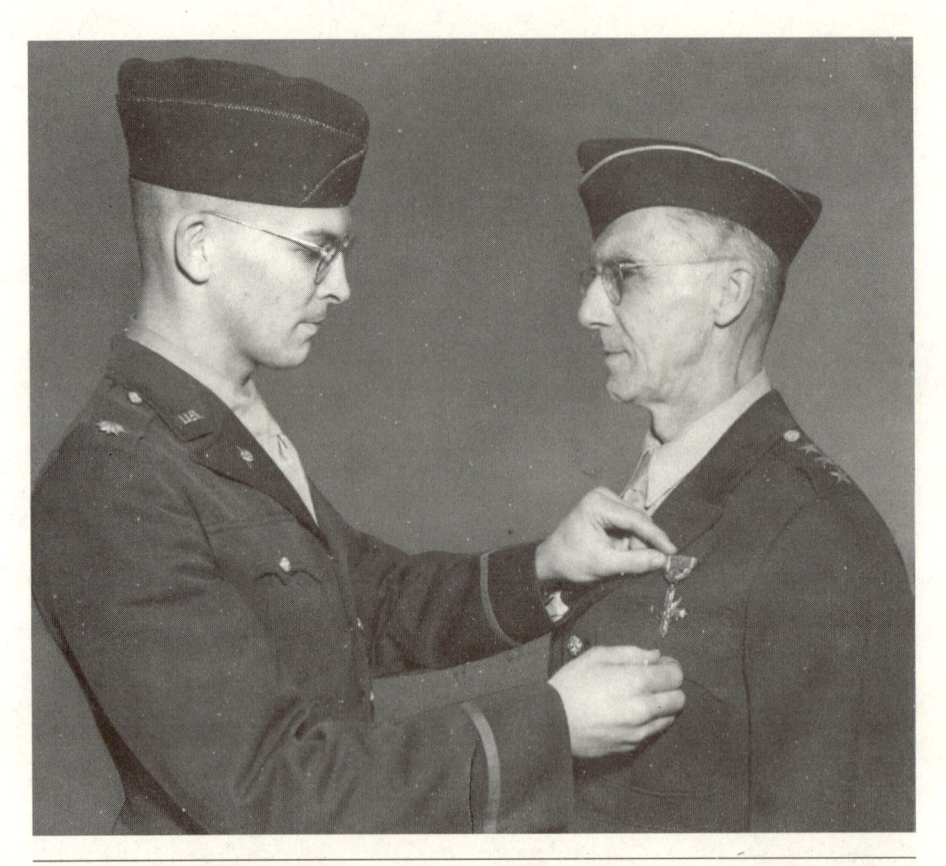

▲ 在中国司令部举行的授勋仪式上，史迪威将军的儿子小约瑟夫·W.史迪威（Joseph W. Stilwell, Jr.）中校为史迪威将军别上杰出服务十字勋章。(1943年1月16日) 出自美陆军战争信息部（编号：8034-P）
档案来源：美国国家档案馆（Joseph W. Stilwell Photo\208-PU-1035 Folder 2）

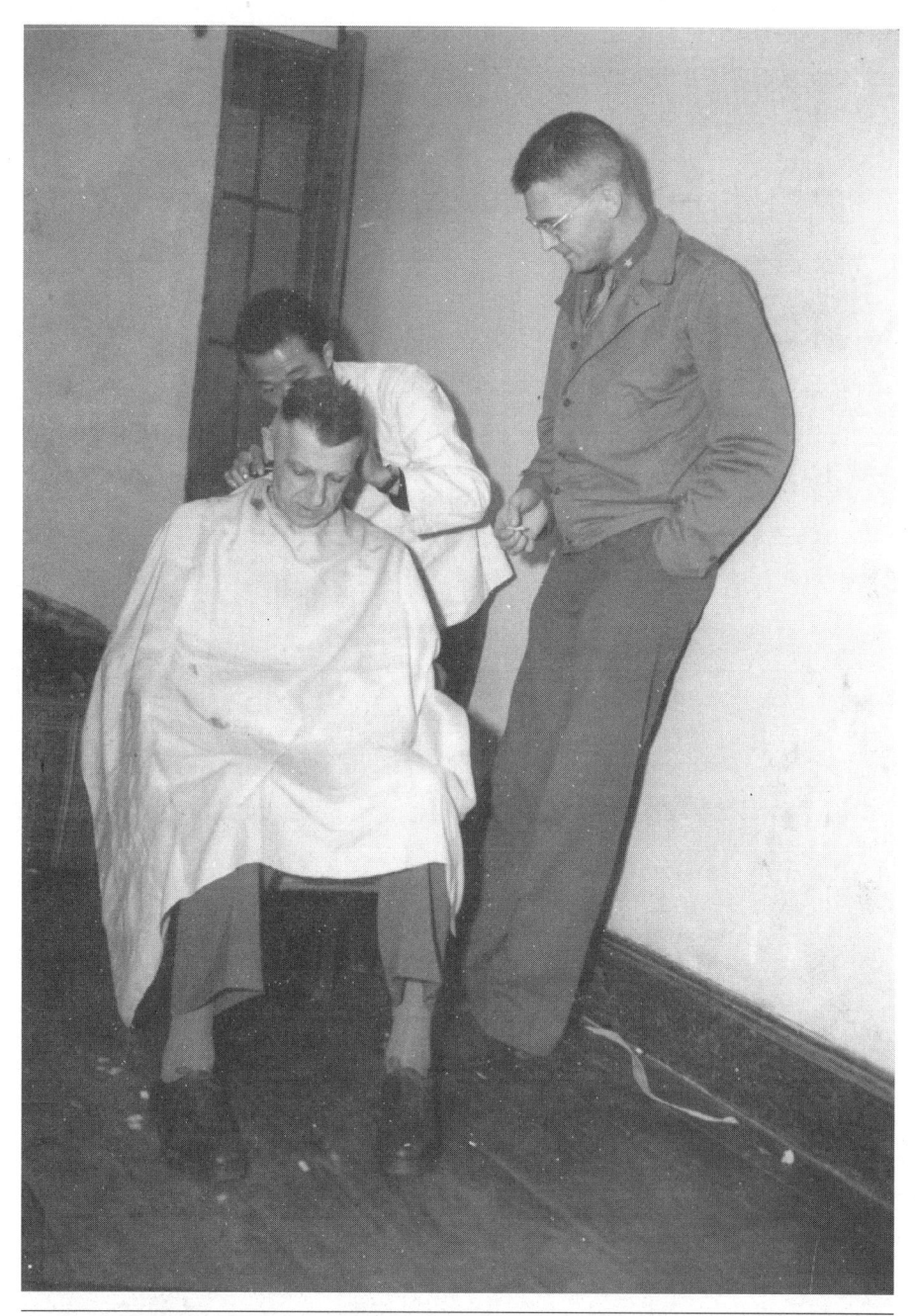

▲ 史迪威在重庆理发，右站立者为史迪威将军的儿子小约瑟夫·W.史迪威(Joseph W. Stilwell, Jr.)中校。(1942—1943年间)
档案来源：约翰·伊斯特布鲁克(John Easterbrook)

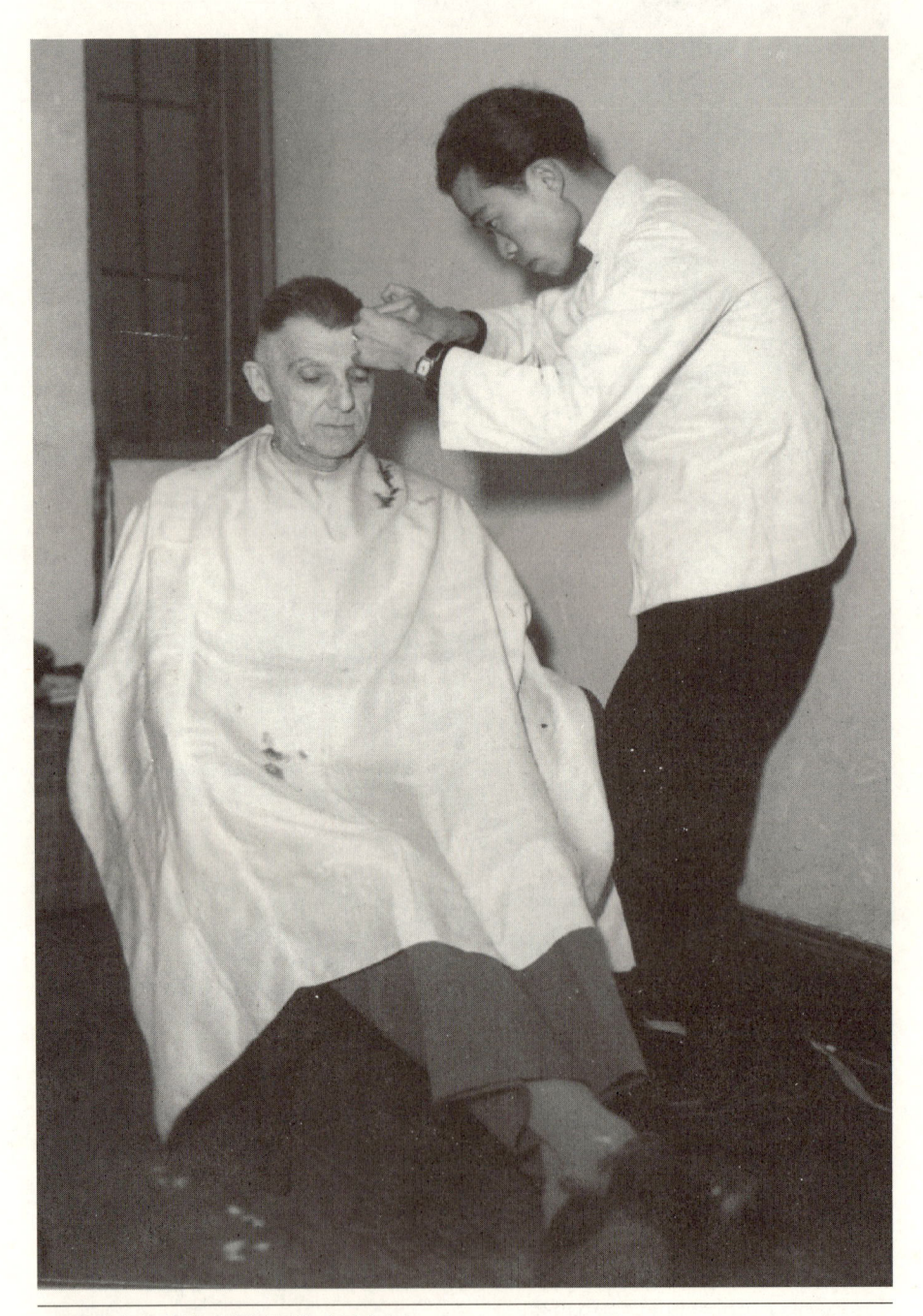

▲ 理发师为史迪威将军理发。(重庆)
档案来源:约翰·伊斯特布鲁克(John Easterbrook)

▲ 史迪威在学习中国书法。
　档案来源：周敏

▲ 史迪威将军从中国飞往印度德里(Delhi,India)与驻印度联军总司令魏菲尔(Archibald Wavell)将军商谈。图为史迪威将军与魏菲尔将军在印度德里魏菲尔办公室前。(1943年1月18日)
档案来源:美国国家档案馆(Joseph W. Stilwell Photo\208-PU-193 R\6743-P)

▲ 史迪威将军（左）与儿子小约瑟夫·W.史迪威（Joseph W. Stilwell, Jr.）中校（右）在中国美陆军中缅印司令部史迪威将军住所壁炉前交谈，背面墙上照片为中国士兵。（1943年1月26日）
出自美战争信息部
档案来源：美国国家档案馆（Joseph W. Stilwell Photo\208-PU-193B）

▲ 史迪威将军在"乔大叔战车"门边正下飞机，将军后面是其副官理查德·杨（Richard Young）上尉和将军的中国部队联络官约翰·刘（John Liu）上校。
美陆军 Paul L. Jones 少校拍摄
档案来源：美国斯坦福大学胡佛研究所档案馆（Paul L. Jones\Box 4\80149-214.02）

▲ 史迪威的"乔大叔战车"。将军与其副官理查德·杨（Richard Young）上尉（手插在裤袋里）、史迪威将军的专机"乔大叔战车"的机长波勒斯（Bowles）中士。
美陆军Paul L. Jones少校拍摄
档案来源：美国斯坦福大学胡佛研究所档案馆（Paul L. Jones\Box 4\80149-214.02）

▲ 史迪威将军与其"乔大叔战车"专机飞行员埃米特·J.泰森（Emmett J. Theisen）上尉亲切交谈。
档案来源：约翰·伊斯特布鲁克（John Easterbrook）

▲ 史迪威将军与罗伯特·M.坎龙（Robert M. Cannon）准将。
档案来源：约翰·伊斯特布鲁克（John Easterbrook）

▲ 史迪威将军与克雷顿·L.毕赛尔(Clayton L. Bissell)少将。
美军通信兵照片
　　档案来源：约翰·伊斯特布鲁克(John Easterbrook)

▲ 史迪威将军刚下飞机。
档案来源：约翰·伊斯特布鲁克（John Easterbrook）

▲ 史迪威将军与中国官员在云南。前排从左至右：何应钦，史迪威，龙云；第二排从左至右：第5集团军司令杜聿明中将、大卫·D.包瑞德（David D. Barrett）、弗兰克·多恩（Frank Dorn）；第三排左二至左三：驻印新1军军长郑洞国中将、第9集团军总司令关麟征中将。(1943年2月28日)[1]

档案来源：约翰·伊斯特布鲁克（John Easterbrook）

[1] 照片中人名由晏欢和约翰·伊斯特布鲁克提供。

二、第五次来华：出任中国战区统帅部参谋长

▲ 史迪威将军与云南省省长龙云在昆明。(1943年2月28日)
档案来源：约翰·伊斯特布鲁克(John Easterbrook)

▲ 史迪威将军与中美官员在昆明。第一排从左至右：Y部队炮兵训练中心指挥员杰罗姆·J.沃特斯（Jerome J. Waters）准将、何应钦、史迪威将军、龙云、第14航空队指挥员陈纳德（Claire L. Chennault）少将、陆军教育训练学校万耀煌将军；第二排从左至右：负责后勤及云南交通运输部的俞大维将军、第5集团军司令杜聿明中将、大卫·D.包瑞德（David D. Barrett）上校（后任延安观察组组长）、美军驻华军事顾问弗兰克·多恩（Frank Dorn）准将、第11集团军总司令宋希濂将军、第5军军长邱清泉将军；第三排从左至右：第54军军长黄维中将、中国驻印军副司令，驻印新1军军长郑洞国中将、第9集团军总司令关麟征中将、陆军第71军副军长陈明仁中将、第53军长周福成中将、第2军军长王凌云、何应钦的翻译鲍静安将军；第四排从左至右：第5军少将参谋长黄翔、第54军副军长傅正模、第11集团军副总司令兼第6军军长黄杰将军、第52军副军长赵公武、远征军司令长官部参谋长萧毅肃、史迪威将军的翻译约翰·刘（John Liu）。（1943年2月28日）①
美国斯坦福大学胡佛研究所档案馆存（Joseph W. Stilwell Collection）
档案来源：约翰·伊斯特布鲁克（John Easterbrook）

---

① 照片中人名由晏欢和约翰·伊斯特布鲁克提供。

▲ 东南亚战区盟军最高统帅部成立，英国路易斯·蒙巴顿勋爵（Lord Louis Mountbatten）任总司令，史迪威将军任副总司令。图为史迪威将军在印度机场欢迎美军布里恩·B.萨默维尔（Brehon B. Somervell）将军。（1943年2月）
美军官方发布
档案来源：美国国家档案馆（Joseph W. Stilwell Photo\208-PU-193 R）

▲ 史迪威将军与美军将领。从左至右：萨默维尔（Brehon B. Somervell）将军、亨利·H. 阿诺德（Henry H. Arnold）将军、史迪威将军、斯特拉特迈耶（George E. Stratemeyer）中将、范登堡（Arthur H. Vandenberg）。（1943年2月）

档案来源：约翰·伊斯特布鲁克（John Easterbrook）

▲ 史迪威与美军官员在一起。从左至右：布里恩·B.萨默维尔（Brehon B.Somervell）将军、亨利·H.阿诺德（Henry H. Arnold）将军、史迪威将军。（1943年2月）
美陆军战争信息办公室照片
档案来源：美国国家档案馆（Joseph W. Stilwell Photo\208-PU-193H）

▲ 史迪威将军与保罗·D.杰西（Paul D. Gish）中士在位于重庆的史迪威将军司令部。(1943年)
档案来源：约翰·伊斯特布鲁克（John Easterbrook）

▲ 史迪威将军在司令部与助手们交谈。(1943年)
　档案来源：约翰·伊斯特布鲁克（John Easterbrook）

▲ 史迪威将军与驻中国军美司令部人员，其中有：来自俄亥俄州(OH)的弗兰克·A.斯塔尔(Frank A. Starr)中士和保罗·D.杰西(Paul D. Gish)中士、来自宾夕法尼亚(PA)的杰西·麦科克尔(Jessie McCorkle)中士和詹姆斯·莱特尔(James Lytle)中士及另两名战士。(1943年)
出自美国战争信息办公室(编号：D7761)
档案来源：美国国家档案馆(Joseph W. Stilwell Photo\208-PU-192 M-4)

二、第五次来华：出任中国战区统帅部参谋长　93

▲ 史迪威将军与中国将军在昆明西山华亭寺。前排从左二至右：郑洞国将军、杜聿明将军、史迪威将军、何应钦将军、黄维将军、萧毅肃将军等，史迪威将军右边的小姑娘为黄维将军的女儿黄敏南。(1943年3月1日)[①]

档案来源：约翰·伊斯特布鲁克（John Easterbrook）

[①]照片中人名由晏欢提供。

▲ 史迪威将军与中、美军官在云南昆明滇池龙门。从左三至右：第5军少将参谋长黄翔、第5军军长邱清泉将军、驻印新1军军长郑洞国中将、陆军总司令部秘书处副处长鲍静安、第5集团军司令杜聿明中将、美军驻华军事顾问弗兰克·多恩(Frank Dorn)准将、史迪威将军、第2军军长王凌云、第54军军长黄维中将、负责后勤及云南交通运输部的俞大维将军、约翰·刘(John Liu)上校。前排小姑娘为黄维将军的女儿黄敏南。(1943年3月1日)[1]
档案来源：约翰·伊斯特布鲁克(John Easterbrook)

---

[1] 照片中人名由晏欢提供。

二、第五次来华：出任中国战区统帅部参谋长　95

▲ 蒋介石的儿子蒋纬国上尉与史迪威将军的儿子小约瑟夫·W.史迪威（Joseph W. Stilwell, Jr.）中校在史迪威将军授予蒋介石军团荣誉勋章的仪式后见面交谈。（1943年3月）
出自美战争信息办公室
档案来源：美国国家档案馆（Joseph W. Stilwell Photo\208-PU-193B）

▲ 苏联红军25周年庆祝活动在中国重庆苏联大使馆举行。苏联武官罗申（N.V. Roshchin，中）向周恩来介绍史迪威将军的儿子小约瑟夫·W.史迪威（Joseph W. Stilwell, Jr.）中校。(1943年4月5日)
美军官方同意发布
档案来源：美国国家档案馆（Joseph W. Stilwell Photo\208-PU-193B）

▲ 在中国重庆苏联大使馆举行的庆祝苏联红军25周年招待会上，苏联武官罗申（N.V. Roshchin）上校欢迎史迪威将军的儿子小约瑟夫·W.史迪威（Joseph W. Stilwell, Jr.）中校（后晋升为上校）。（1943年4月5日）
出自美战争信息办公室
档案来源：美国国家档案馆（Joseph W. Stilwell Photo\208-PU-193B）

▲ 史迪威将军与蒋介石夫人宋美龄女士在史迪威将军授予蒋介石功绩勋章后举行的招待会上。授勋仪式举行正值全面抗战六周年。(1943年7月7日)
出自美战争信息办公室
档案来源：美国国家档案馆(Joseph W. Stilwell Photo\208-PU-192M)

▲ 在重庆期间，史迪威将军常去参加孙中山夫人宋庆龄的招待会。宋庆龄在长期斗争中对蒋介石的认识是入木三分的，这对帮助史迪威认识蒋介石产生了很大影响。史迪威尊敬这位伟大的女性，并从她身上看到她为之努力奋斗的方向。图为史迪威将军与宋庆龄在露天招待会上用中文祝酒，招待会由中国财政部部长孔祥熙在重庆的史迪威将军司令部举行。
出自美战争信息办公室
档案来源：约翰·伊斯特布鲁克（John Easterbrook）

▲ 史迪威将军与中美官员。从左至右：曾世奎将军、约翰·刘（John Liu）上校、美国参议员米德（Meade）、美国参议员拉塞尔（Russell）、史迪威将军。（1943年8月26日）美军通信兵照片
档案来源：约翰·伊斯特布鲁克（John Easterbrook）

▲ 史迪威将军在昆明为欢迎美国参议员拉塞尔(Russell)和米德(Meade)举行的晚会上。(1943年8月26日)
档案来源：约翰·伊斯特布鲁克(John Easterbrook)

▲ 史迪威将军与约翰·戴维斯(John Davies)等。(1943年9月14日)
　　档案来源：约翰·伊斯特布鲁克(John Easterbrook)

▲ 史迪威在重庆与美军司令部人员。
档案来源：约翰·伊斯特布鲁克（John Easterbrook）

▲ 史迪威将军与欧洲战区美陆空军少将司令官伊德沃尔·爱德华兹(Idwal Edwards)在英格兰巴温顿(Bovington, England)见面。史迪威将军英格兰之行将与其他英美高级军官进行军事会谈。(1943年5月29日)
美联社照片
档案来源：东方IC

▲ 1943年5月29日，史迪威将军抵达英格兰巴温顿(Bovington, England)，与部分英美军官商谈战情，史迪威将军本拟6月1日离开巴温顿，德弗斯将军于5月31日陪同史迪威至巴温顿。由于天气缘故，史迪威不得在巴温顿住了两晚。图为史迪威将军（左）与新任欧洲盟军总司令雅各·L.德弗斯(Jacob L. Devers)中将在英格兰一机场交谈。(1943年5月31日)
美联社照片
档案来源：东方IC

▲ 史迪威将军与卢修斯·克莱(Lucius Clay)少将、布里恩·B.萨默维尔(Brehon B. Somervell)将军、乔治·E.斯特拉特迈耶(George E. Stratemeyer)中将。(1943年10月8日)
中缅印战区后勤供应部司令部照片
档案来源：约翰·伊斯特布鲁克(John Easterbrook)

▲ 史迪威将军与英国陆军元帅阿奇博尔德·魏菲尔(Archibald Wavell)、亨利·H.阿诺德(Henry H. Arnold)将军、布里恩·B.萨默维尔(Brehon B. Somervell)将军。(1943年)
档案来源：约翰·伊斯特布鲁克(John Easterbrook)

▲ 史迪威将军与其他英美高级官员举行会议后离开。(英格兰,1943年6月)
档案来源:东方IC

▲ 史迪威将军在印度。从左至右：富兰克林·C.赛博特（Franklin C. Sibert）少将、史迪威将军、弗兰克·多恩（Frank Dorn）、克雷顿·L.毕赛尔（Clayton L. Bissell）少将。
档案来源：约翰·伊斯特布鲁克（John Easterbrook）

▲ 史迪威将军与中美官员。从左至右：史迪威将军、弗兰克·多恩(Frank Dorn)、商震将军、托马斯·G.赫恩(Thomas G. Hearn)少将。
档案来源：约翰·伊斯特布鲁克(John Easterbrook)

二、第五次来华：出任中国战区统帅部参谋长　111

▲ 史迪威将军与乔治·E.斯特拉特迈耶（George E. Stratemayer）中将。（1943年10月23日）
中缅印战区后勤供应部司令部摄影队照片
档案来源：约翰·伊斯特布鲁克（John Easterbrook）

▲ 1943年10月17—20日，中、英、美军事代表在重庆举行会谈，商讨盟军军事合作问题，并达成了收复缅北联合作战的协议。图为史迪威将军与中、英、美官员合影。从左至右：何应钦、布里恩·B.萨默维尔（Brehon B. Somervell）、蒋介石、路易斯·蒙巴顿（Louis Mountbatten）、宋美龄、史迪威将军。
美国斯坦福大学胡佛研究所档案馆存（Joseph W. Stilwell Photo\Box 98\J.W. Stilwell Collection\51001-207.04）
档案来源：东方IC

二、第五次来华：出任中国战区统帅部参谋长　　113

▲ 1943年11月22—26日，美、中、英三国政府首脑在埃及首都开罗举行盟国会议，史迪威将军陪同蒋介石出席开罗会议。在会议期间，蒋介石与富兰克林·D.罗斯福（Franklin D. Roosevelt）总统、温斯顿·丘吉尔（Winston Churchill）讨论了对日作战问题，并签订了《中美英三国开罗宣言》。图中前排从左至右：蒋介石、罗斯福、丘吉尔、宋美龄；后排左四为史迪威将军。
档案来源：周敏

▲ 史迪威将军到达锡兰(Caylon)。(1944年)
美军东南亚司令部摄影队照片
档案来源：约翰·伊斯特布鲁克(John Easterbrook)

▲ 史迪威将军在锡兰(Caylon)。(1944年)
美军东南亚司令部摄影队照片
档案来源：约翰·伊斯特布鲁克(John Easterbrook)

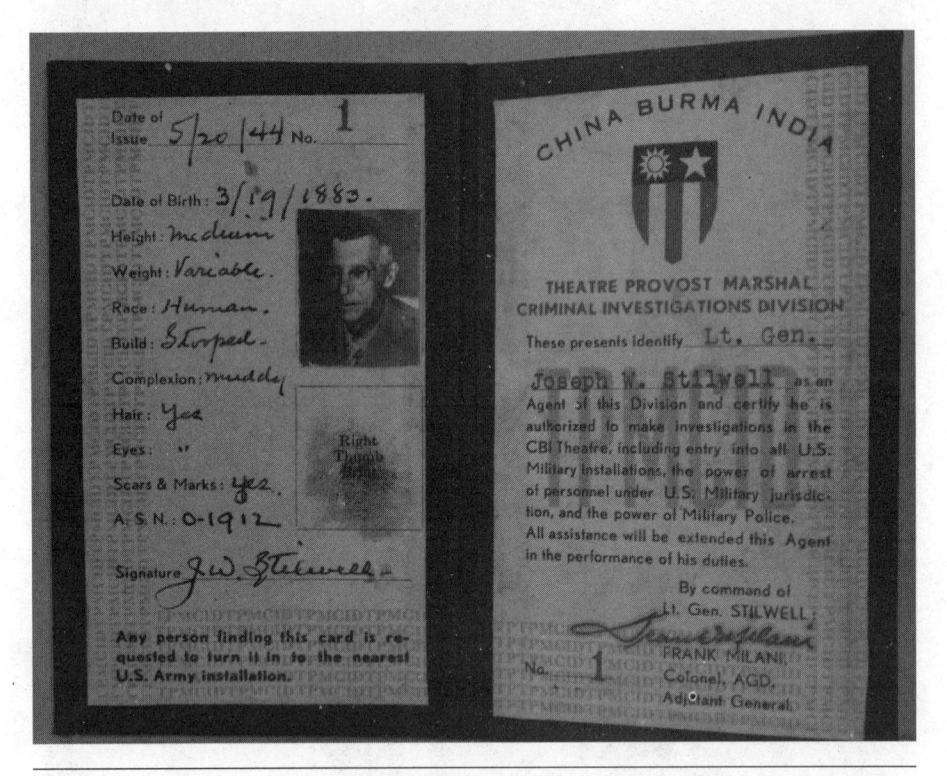

▲ 史迪威将军在中缅印战区特别许可证。史迪威将军有权进入中缅印战区,在战区内进行调查,在美军司法权力范围内实施逮捕,并拥有指挥武警权力。(1944年5月20日)
档案来源:美国斯坦福大学胡佛研究所档案馆(Joseph W. Stilwell Collection)

▲ 来自密执安州底特律(Detroit, MI)的埃米特·J.泰森(Emmett J. Theisen)上尉从史迪威将军的专机C-47A"乔大叔战车"座舱上挥手致意。在过去27个月泰森上尉一直驾驶这架飞机。(1944年7月30日)
美军通信兵照片(编号:CBI-44-30840)
美陆军一等兵Louis W. Raczkowski拍摄
美陆军部公共关系部发布
档案来源:美国国家档案馆(CBI Photos\RG 111-SC\Box 474\263101-263140 3440\SC-263110)

▲ 史迪威将军正在登上从印度德里（Delhi）飞往中国重庆的飞机，陪同飞往重庆的还有帕特拉克·J.赫尔利（Patrick J. Hurley）少将和丹尼尔·苏尔坦（Daniel Sultan）。（1944年9月）
美军通信兵照片（编号：CBI-44-50195）
档案来源：美国国家档案馆（CBI Photos\RG 111-SC\Box 499\270181-270220-3617）

二、第五次来华：出任中国战区统帅部参谋长　119

▲ 史迪威将军、帕特拉克·J.赫尔利（Patrick J. Hurley）少将和丹尼尔·苏尔坦（Daniel Sultan）将军刚抵达印度德里（Delhi）机场，准备登上飞往中国重庆的飞机。（1944年9月）
美军通信兵照片（编号：CBI-44-50196）
档案来源：美国国家档案馆（CBI Photos\RG 111-SC\Box 499\270181-270220-3617）

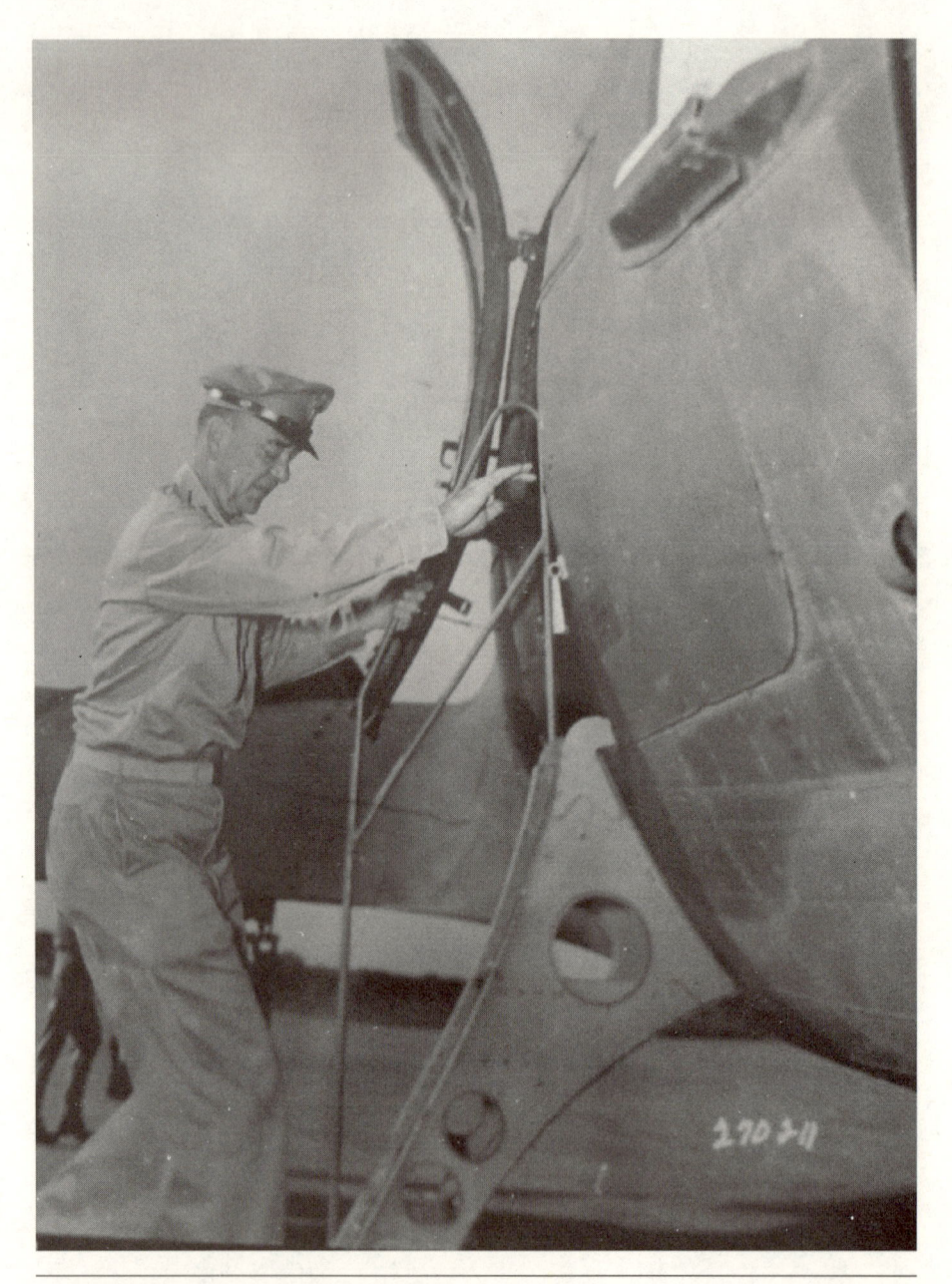

▲ 丹尼尔·苏尔坦(Daniel Sultan)少将正登上从印度德里(Delhi)机场飞往中国重庆的飞机。(1944年9月)
美军通信兵照片(编号：CBI-44-50198)
档案来源：美国国家档案馆(CBI Photos\RG 111-SC\Box 499\270181-270220-3617)

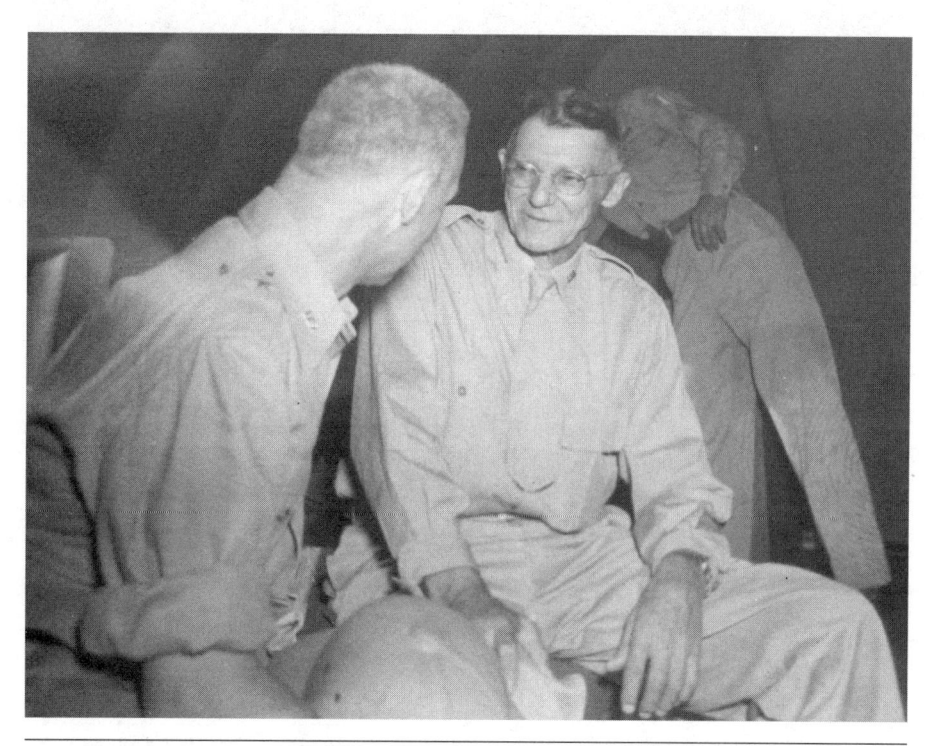

▲ 在印度德里(Delhi)等待飞往重庆的飞机起飞时,史迪威将军与一名准将(名字未详)在机上交谈。(1944年9月)
美军通信兵照片(编号:CBI-44-50194)
档案来源:美国国家档案馆(CBI Photos\RG 111-SC\Box 499\270141-270180-3616)

▲ 在萨尔温江(Salween River)前线，中国军队对日军反攻成功。反攻始于1944年5月11日，中国军队随Y部队作战参谋联络官员跨过萨尔温江，接着，部队占领了腾冲、松山以及其他日军据点，收复大约有24000平方英里的中国领土，解放了400多个居住区，缅甸公路开通至龙陵。图为史迪威将军离开中国前最后一次视察萨尔温江前线，在前线司令部，史迪威将军与中国部队官员交谈。从左至右：萧毅肃将军(中国远征军参谋长)、史迪威将军、卫立煌将军(中国远征军司令官)、弗兰克·多恩(Frank Dorn)准将(Y部队指挥员)。(1944年)
美军通信兵照片(编号：61139)
Y部队作战参谋部公共关系办公室存
档案来源：美国国家档案馆(Joseph W. Stilwell\208-PU-192 M)

▲ 史迪威将军与罗斯福总统私人代表帕特拉克·J.赫尔利(Patrick J. Hurley)少将在重庆。(1944年9月)
出自美战争信息办公室
档案来源：美国国家档案馆(Joseph W. Stilwell Photo\208-PU-103S\Folder 2)

▲ 史迪威将军与国民政府军委会外事局局长杨宣诚、美陆军少将帕特拉克·J.赫尔利（Patrick J. Hurley）交谈。(1944年9月25日)
美军通信兵照片
出自美战争信息办公室
档案来源：美国国家档案馆（Joseph W. Stilwell Photo\208-PU-192 M-2）

▲ 史迪威将军与国民政府军委会外事局局长杨宣诚、美陆军少将帕特拉克·J.赫尔利（Patrick J. Hurley）会面，杨宣诚局长为史迪威将军切蛋糕。（1944年9月25日）
美军通信兵照片
出自美战争信息办公室
档案来源：美国国家档案馆(Joseph W. Stilwell Photo\Records of the Office of War Information Prints photos of Notable Personalities, 1942–1945 Stilwell\Box 193\208– PU-193 P-13）

▲ 史迪威将军与中国全国军事委员会参谋长何应钦将军在重庆机场。(1944年9月29日)
美陆军官方照片
档案来源：美国国家档案馆(Joseph W. Stilwell Photo\208-PU-103S)

▲ 1944年9月29日,史迪威将军与美国战时生产局局长唐纳德·M.纳尔逊(Donald M. Nelson)在重庆会面交谈。纳尔逊先生与帕特拉克·J.赫尔利(Patrick J. Hurley)少将作为富兰克林·D.罗斯福(Franklin D. Roosevelt)总统的私人代表到中国战时首都重庆与中国官员讨论中国战时工业发展和军事问题。
美军官方照片(编号:33266-FA)
档案来源:美国国家档案馆(Joseph W. Stilwell Photo\208-PU-193S-28)

▲ 美国战时生产局局长唐纳德·M.纳尔逊先生（Donald M. Nelson）与富兰克林·D.罗斯福（Franklin D. Roosevelt）总统私人代表帕特拉克·J.赫尔利（Patrick J. Hurley）少将抵达重庆后举行记者招待会，史迪威将军与中外国记者出席了招待会。(1944年10月10日)
美国战争信息办公室照片（编号：CBI-167）
档案来源：美国国家档案馆（Joseph W. Stilwell Photo\208-PU-193G-1）

▲ 美军官员在中国。美军布里恩·B.萨默维尔（Brehon B. Somervell）将军与史迪威将军在重庆的史迪威将军司令部阶梯上。（1944年10月）
出自美战争信息办公室
档案来源：美国国家档案馆（Joseph W. Stilwell Photo\208-PU-192 M-9）

▲ 1944年10月9日晚,史迪威将军在重庆美国红十字会餐厅对部队战士讲话,随后是比尔·伯金(Bill Bergin)少将(后排左三)和"梅里尔突击队"(Merrill's Marauders)指挥员弗兰克·D.梅里尔(Frank D. Merrill)少将(后排左四)讲话。(1944年10月9日)
美军通信兵照片(编号:CBI-44-50356)
美陆军部公共关系部发布
档案来源:美国斯坦福大学胡佛研究所档案馆(Joseph W. Stilwell\Box 106\51001-9.01\Y-5\J. W. Stilwell Collection 51001-10\A-V)

▲ 1944年10月9日晚，史迪威将军在重庆美国红十字会餐厅。
美军通信兵照片（编号：CBI-44-45238）
美陆军部公共关系部发布
档案来源：美国斯坦福大学胡佛研究所档案馆（Joseph W. Stilwell\Box 106\51001-9.01\Y-5\J.W. Stilwell Collection 51001-10\A-V）

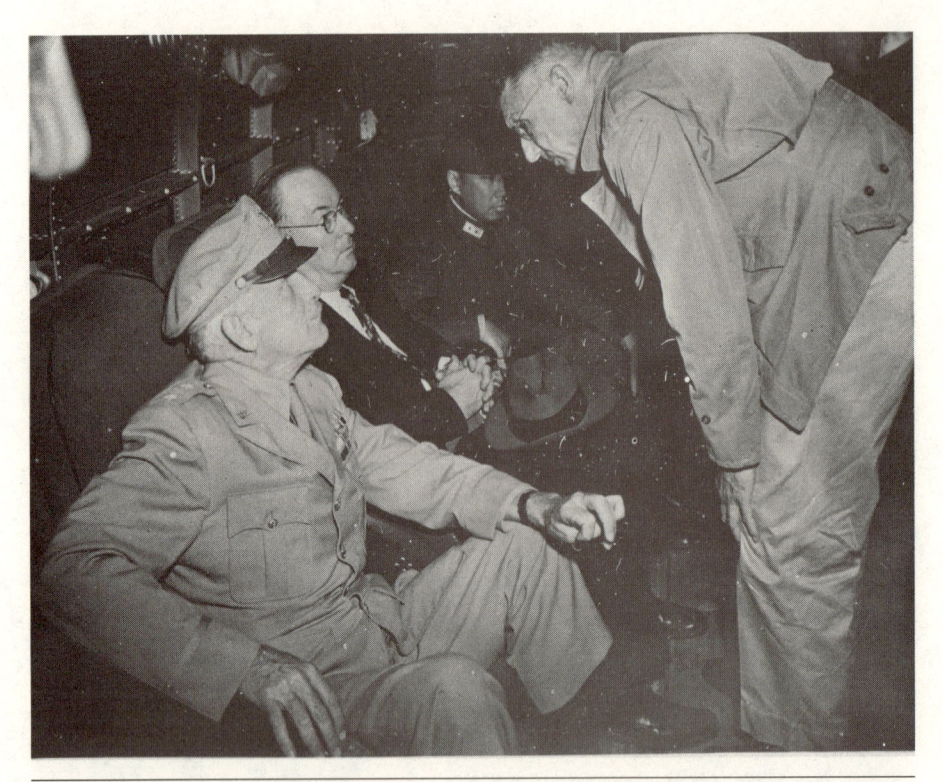

▲ 史迪威与美国战时生产局局长唐纳德·M.纳尔逊先生(Donald M. Nelson)与富兰克林·D.罗斯福(Franklin D. Roosevelt)总统私人代表帕特拉克·J.赫尔利(Patrick J. Hurley)少将在飞往重庆途中交谈。纳尔逊先生与赫尔利少将作为罗斯福总统私人代表来华了解中国战时生产能力。(1944年10月10日)
美国战争信息办公室照片(编号:CBI-166)
档案来源:美国国家档案馆(Joseph W. Stilwell Photo\208-PU-193H)

▲ 美国劳军联合组织699演出团在重庆胜利大厦演出后，俄裔手风琴演奏者巴塞尔·佛米恩(Basil Fomeen)向美军官员们解释演奏技巧。照片中有弗兰克·D.梅里尔(Frank D. Merrill)准将(手拿烟斗者)、史迪威将军(中)、美陆军中缅印战区副参谋长本杰明·G.费瑞思(Benjamin G. Ferris)准将(站在史迪威将军右边)、印度兰姆伽训练中心前指挥员比尔·伯金(Bill Bergin)少将(站在史迪威将军后面)、美陆军中缅印战区参谋长托马斯·G.赫恩(Thomas G. Hearn)等人。(1944年10月11日)
美军通信兵照片
美陆军公共关系部发布
档案来源：美国斯坦福大学胡佛研究所档案馆(Joseph W. Stilwell\Box 106\51001-9.01\Y-5\J.W. Stilwell Collection 51001-10\A-V)

▲ 美国劳军联合组织699演出团在重庆胜利大厦演出后，史迪威将军及其他美军官员与演员亲切交谈。(1944年10月11日)
美军通信兵照片（编号：CBI-44-50356）
美陆军部公共关系部发布
档案来源：美国斯坦福大学胡佛研究所档案馆（Joseph W. Stilwell\Box 106\51001-9.01\Y-5\J.W. Stilwell Collection 51001-10\A-V）

二、第五次来华：出任中国战区统帅部参谋长

▲ 史迪威将军与布里恩·B.萨默维尔（Brehon B. Somervell）将军在重庆史迪威将军司令部。萨默维尔将军在中国访问期间与史迪威将军、中国官员、路易斯·蒙巴顿勋爵（Lord Louis Mountbatten）及其东南亚战区指挥部其他人员进行了会谈。(1944年10月16日）
出自美战争信息办公室
档案来源：美国国家档案馆（Joseph W. Stilwell Photo\208-PU-192 M-4）

▲ 史迪威将军与盟军东南亚最高司令路易斯·蒙巴顿勋爵(Lord Louis Mountbatten)在重庆史迪威将军司令部门口。(1943年)
美陆军战争信息办公室照片
Edwards 拍摄
档案来源：美国国家档案馆(Joseph W. Stilwell Photo\208-N-9949-1)

▲ 史迪威将军与盟军东南亚盟军最高司令路易斯·蒙巴顿勋爵（Lord Louis Mountbatten）在重庆史迪威将军司令部门口。（1943年）
档案来源：东方IC

▲ 史迪威将军在重庆召开记者招待会。
档案来源：周敏

三、第一次缅甸战役

太平洋战争初期,日军在缅甸对中英盟军发起进攻并占领缅甸。作为盟国,为履行中英协定,中国国民政府下令由第5、第6和第66军数万将士组成远征军入缅对日作战。然而英国人不愿让中国盟友插手缅甸军务,直到仰光告急,才允许中国军队入境,这样就贻误了战机,使中英的合作一开始就显露出危机。

1942年3月11日,史迪威将军被蒋介石任命为中国远征军总指挥。当史迪威将军抵达缅甸前线时,仰光已经陷落。他冒着敌机空袭的危险,深入前线,部署混乱不堪的部队,逐渐形成同古(Toungoo)、曼德勒(Mandalay)、平满纳(Pyinmana)会战的设想,以期挽回败局。中国远征军第200师在同古英勇作战,震惊了侵缅日军;新编第38师113团奇袭仁安羌(Yenangyaung),解围7000名被困英军。

尽管中国官兵英勇作战,但由于多方面的原因,设想中的会战相继流产。4月底,缅甸盟军不得不全线撤退。在中国军队退入滇西的通道被日军截断的形势下,史迪威将军从实际出发,毅然违抗了蒋介石务将中国军队全部撤回国内的命令,指挥军队向印度转进。

为了坚守作为指挥官的职责,史迪威断然谢绝了亨利·H.阿诺德(Herry H. Arnold)将军派来救他脱险的专机,毅然选择与自己的部队在一起。5月5日,史迪威不得已放弃追赶杜聿明大部队的徒劳举动,带领一支由6种国籍、

5种语言和3种肤色的114人,包括一个即将临盆的缅甸孕妇组成的队伍撤出缅甸。从缅甸撤退到印度的路途中,队伍面临缺食、疾病、酷热、大雨、季风等考验,在荆棘丛生、野兽出没的道路中艰难跋涉。史迪威将军一直走在队伍的最前面,吃饭的时候却坚持排在队伍最后。凭着周密的计划和严格的纪律,加上史迪威将军百折不挠、坚忍顽强的意志和决心,以及超人的胆识和果断的指挥,他把这支队伍一人不少地带出了缅甸,5月20日,抵达印度。这是撤退中唯一没有减员的队伍。

中国军队在撤退中经历了不同的命运。

新编第38师师长孙立人执行史迪威将军的命令,率领部队经缅甸霍马林(Homalin)渡钦敦江(Chindwin River)撤退至印度阿萨姆(Assam, India)。经过艰难跋涉,部队于5月25—30日陆续到达印度。到达印度时,全师官兵虽然衣衫褴褛、疲惫不堪,却精神振奋、军容不减,部队伤亡很少,保存了日后反攻缅甸的有生力量。

第5军第200师打出一条血路,和第6军的残余部队到达云南,戴安澜师长不幸重伤殉国。

而杜聿明奉蒋介石之命,率领远征军直属部队第5军的新编第22师和第96师,向北挣扎,遭受日军堵截,直到5月30日,才奉蒋介石之令向印度转进,择道野人山(Naga Hill)回国。途中遭遇雨季、险峻路途、病疫袭击等磨难,杜聿明自己也患了可怕的回归热,幸存者于7月和8月中旬到达印度。第96师幸存者以坚强的毅力,途经赫茨堡葡萄城(Fort Hertz "Putao"),爬山越岭,经历千辛万苦回到中国。

这是世界上最悲壮的大撤退,中国远征军入缅10万人,伤亡总计6.1万人,其中有5万人是在撤退中伤亡或失踪的。

▲ 史迪威将军肖像。
　　档案来源：约翰·伊斯特布鲁克(John Easterbrook)

▲ 缅甸是英国的属地。然而,在大英帝国的版图上,缅甸只是一个无足轻重的印缅省,它在战争中的意义仅仅在于对印度构成一道外围屏障。而对艰苦抗战的中国人来说,缅甸战役直接关系到滇缅路的存亡,关系到中国抗战大后方的安危。1942年3月8日,日军攻占仰光。蒋介石授命史迪威全权指挥正向缅甸南部开进的中国远征军。史迪威怀着对日军的仇恨,带着委员长的任命,信心百倍地开始了他一生中不平凡的缅甸之行。图为史迪威将军。(缅甸,1942年)
美战争信息办公室照片(编号:464826)
档案来源:美国国家档案馆(Joseph W. Stilwell Photo\Box 193\208- PU-193 P)

▲ 史迪威将自己的总部设在缅甸眉苗（Maymyo, Burma）一座传教士的红砖楼内。他打算从这座古老的建筑里通过无线电指挥中国军队，挡住日军进攻，挽救滇缅路，挽救全缅甸。图为被日军轰炸后的缅甸眉苗。（1942年3月）
美陆军Paul L. Jones 少校拍摄
档案来源：美国斯坦福大学胡佛研究所档案馆（Paul L. Jones 4.16\Photo\Myitkyina）

▲ 史迪威将军在第一次缅甸战役期间，于1942年3月29日前往雅达西（Yedashe），中国部队第1团驻军此处。（1942年3月29日）
档案来源：约翰·伊斯特布鲁克（John Easterbrook）

三、第一次缅甸战役　　145

▲ 由于缅甸战局吃紧，蒋介石飞往缅北腊戍(Lashio)部署军事。史迪威与蒋介石、宋美龄在缅甸眉苗(Maymyo, Burma)遭日本炸弹袭击第二天，来到此地。(1942年4月7日)
美国陆军驻中国远征军司令部公共关系部照片
Fred L. Eldridge 上尉拍摄
档案来源：美国国家档案馆(CBI Photos\RG 111-SC\134620-134659 489\SC-134628)

▲ 史迪威将军与工作人员在座机前合影，摄于缅甸眉苗（Maymyo, Burma）。图中人员为王小亭（摄影记者）、波特麦斯（Portmess，史迪威将军专机机长）、约翰·刘（John Liu，中方联络官）、理查德·杨（Richard Young）、威廉姆斯（Williams）、爱尔德里奇恩（Eldridge）、阿特·威林（Art Welling，史迪威将军专机副驾驶员）、比尔·伯金（Bill Bergin）、朗（Long，史迪威将军专机领航员）、埃米特·J.泰森（Emmett J. Theisen，史迪威将军专机驾驶员）、史迪威将军。（1942年4月9日）。

档案来源：约翰·伊斯特布鲁克（John Easterbrook）

▲ 史迪威将军与缅甸的中国远征军司令罗卓英在地图上查看军事行动路线。(1942年4月)
美陆军战争信息办公室照片(编号:5077-P)
档案来源:美国国家档案馆(Joseph W. Stilwell Photo\208-PU-193J\Burma)

▲ 史迪威将军在缅甸。图中站立者从左至右：霍尔科姆（Holcomb）、史迪威、弗兰克·多恩（Frank Dorn）。（1942年4月）

档案来源：约翰·伊斯特布鲁克（John Easterbrook）

▲ 史迪威将军在缅甸。(1942年走出缅甸前)
档案来源：约翰·伊斯特布鲁克(John Easterbrook)

▲ 史迪威将军从缅甸撤出前与美国官员一起。从左至右：史迪威将军、威廉·怀曼（William Wyman）上校、弗兰克·D.梅里尔（Frank D. Merrill）、富兰克林·C.赛博特（Franklin C. Sibert）少将。（1942年春）

档案来源：约翰·伊斯特布鲁克（John Easterbrook）

▲ 史迪威将军在撤出缅甸前。(1942年5月)
档案来源：约翰·伊斯特布鲁克(John Easterbrook)

▲ 史迪威将军1942年的肖像。(1942年5月)
档案来源：约翰·伊斯特布鲁克(John Easterbrook)

三、第一次缅甸战役　153

▲ 史迪威将军命令孙立人率新编第38师第113团，在美空军配合下，出敌不意，冲进被围多日的仁安羌(Yenangyaung)，歼敌1200余人，夺回英军100多辆汽车，7000英军绝路逢生，救出被俘的英缅军官兵、传教士、记者500余人，最后主动撤离，日军功亏一篑，仅占一座空城。图中史迪威将军与孙立人视察战场，死者为日军。(1942年)
档案来源：美国国家档案馆

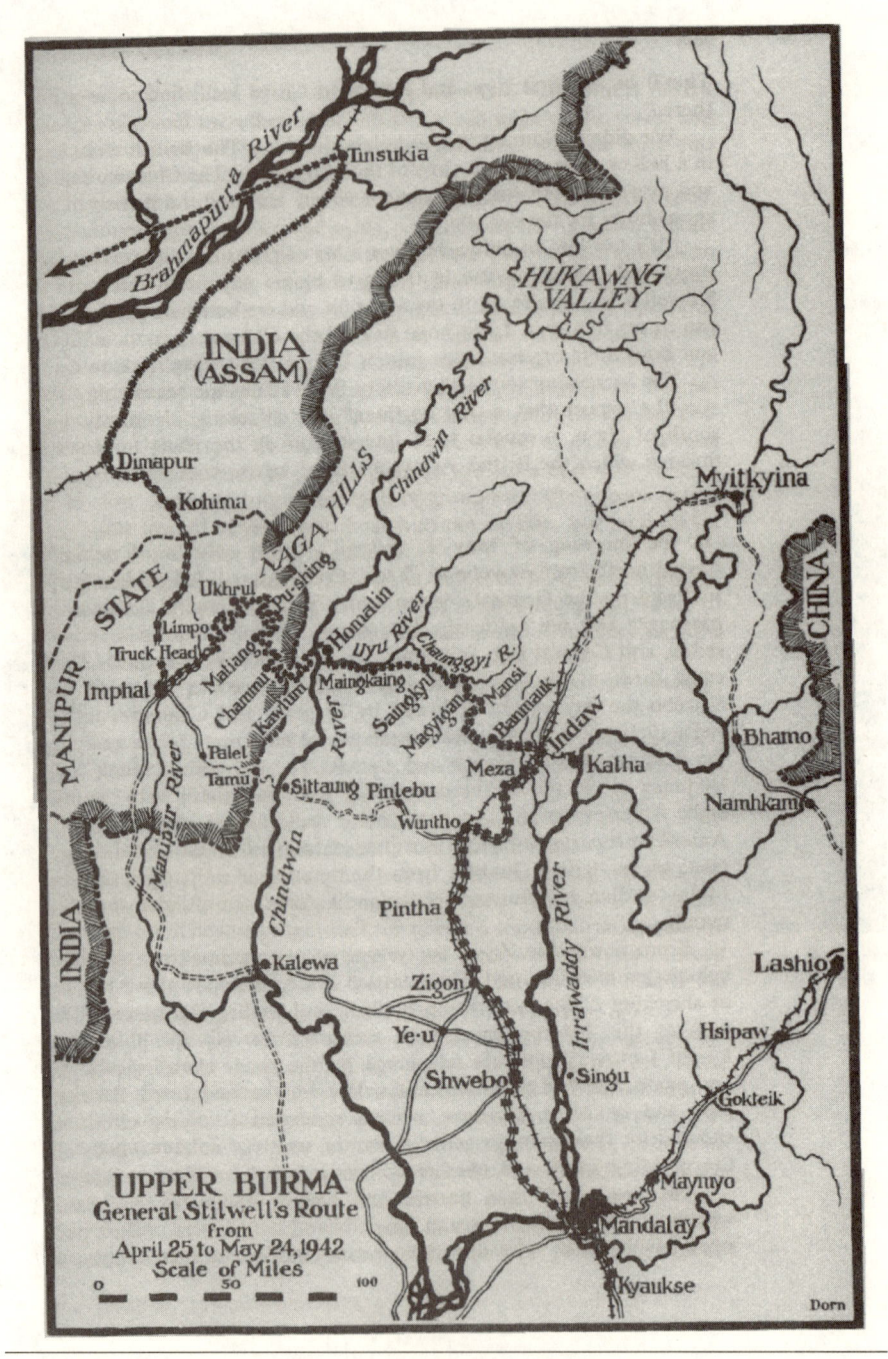

▲ 史迪威将军带领队伍从缅甸撤出徒步走到印度的线路图。(1942年4月25日—5月24日)

档案来源：Dorn, Frank. Walkout with Stilwell in Burma. New York: Thomas Y. Crowell Company, 1971.

▲ 史迪威将军在缅甸。(1942年)
　档案来源：约翰·伊斯特布鲁克（John Easterbrook）

▲ 1942年,迫于日军的压力,盟军不得不撤出缅甸。为了与中国军队一起离开缅甸,六十开外的史迪威将军断然谢绝了亨利·H.阿诺德(Henry H. Arnold)将军派来救他脱险的专机,坚持与他的队伍一起撤退。(1942年5月)
出自驻印美军公共关系办公室
美陆军公共关系部1942年8月发布
档案来源:美国国家档案馆(CBI Photos\RG 111-SC\Box 64\SC-138433)

▲ 史迪威将军带领队伍撤出缅甸。此时,中国军队第5军新编第22师和新编第38师将阻滞于曼德勒(Mandalay)—密支那(Myitkyina)的铁路线上,而第96师将直接开往密支那。史迪威于5月4日打报告给美国陆军部,说他将试图移往密支那,如果办不到,他将向西撤退去印度的英帕尔(Imphal, India)。(1942年5月)
档案来源:约翰·伊斯特布鲁克(John Easterbrook)

▲ 史迪威撤退开始时。从开始撤退时起,史迪威唯一的想法就是与中国军队一起离开缅甸。他与罗卓英和英军总司令亚历山大(H. R. Alexander)将军于4月30日达成协议,安排印度方面接受向西撤退的中国军队。(1942年5月)
档案来源:约翰·伊斯特布鲁克(John Easterbrook)

▲ 史迪威在撤出缅甸途中。5月4日,铁路已堵塞不通,他带领一行人员,驱车前往密支那(Myitkyina),希望在那里与中国军队取得联系。(1942年5月)
档案来源:约翰·伊斯特布鲁克(John Easterbrook)

▲ 撤退中，一辆搭载工作人员的汽车陷在牛车道上。(1942年5月)
美驻印陆军公共关系办公室发布
档案来源：美国国家档案馆（CBI Photos\RG 111-SC\Box 64\SC-138400）

▲ 艾德里安·圣·约翰(Adrian St. John)上校驶过柚木林牛车道,移开汽油桶,以便史迪威车队通过。(1942年5月)
出自美驻印陆军部队公共关系部(1942年7月1日)
美陆军部公共关系部官方发布(1942年8月28日)
档案来源:美国国家档案馆(CBI Photos\RG 111-SC\Box 64\SC-138436)

▲ 撤出缅甸途中，道路被一辆卡车堵住，弗兰克·多恩（Frank Dorn）中校（在路中央行走者）上前查询。（缅甸，1942年5月）
美军通信兵照片
出自驻印美陆军部队公共关系部（1942年7月1日）
美陆军部公共关系部官方发布（1942年8月28日）
档案来源：美国国家档案馆（CBI Photos\RG 111-SC\Box 64\SC-138397）

三、第一次缅甸战役　163

▲ 中国部队运输队车子出故障，史迪威将军车队再一次受堵，中间站立者为艾德里安·圣·约翰(Adrian St. John)上校。史迪威一行始终没有赶上杜聿明的大部队，电台同他们联系不上，坏消息不断传来。5月5日，史迪威一行赶到温佐(Wuntho)，得知杜聿明的大部队已经离去整整一天。根据报道，日军已经到达八莫(Bhamo)，密支那(Myitkyina)在易于袭击距离之内，他最终决定改变行程，徒步西去印度。(1942年5月)
美军通信兵照片
出自美驻印陆军部队公共关系部(1942年7月1日)
美陆军部公共关系部官方发布(1942年8月28日)
档案来源：美国国家档案馆(CBI Photos\RG 111-SC\Box 64\SC-138439)

▲ 从缅甸撤退途中，载油车艰难通过柚木铺垫的泥沙沟。(1942年5月)
美军通信兵照片
出自驻印美军公共关系办公室
美军公共关系部官方发布(1942年8月28日)
　　档案来源：美国国家档案馆(CBI Photos\RG 111-SC\Box 64\SC-138441\Burma)

▲ 一支中国军队的载重汽车受阻,在强及河(Chaunggyi River)上临时搭建木桥,威廉·霍尔科姆(William Holcomb)上校查看修桥情况。(缅甸,1942年5月)
美军通信兵照片
出自美驻印陆军部队公共关系部(1942年7月1日)
美陆军部公共关系部官方发布(1942年8月28日)
档案来源:美国国家档案馆(CBI Photos\RG 111-SC\Box 64\SC-138398)

▲ 缅甸柚木林中，一辆卡车意外起火，未随身带的行李都被烧毁。(1942年5月)
美军通信兵照片
出自驻印美军公共关系办公室
美军公共关系部官方发布(1942年8月28日)
档案来源：美国国家档案馆(CBI Photos\RG 111-SC\Box 64\SC-138401\Burma)

▲ 史迪威将军在撤出缅甸途中。5月6日，史迪威放弃了他的汽车运输工具，徒步前往印度，以便安排接收即将到来的中国军队。他率领的这支队伍由各式各样人员临时组成：24名美国官兵，戈登·S.西格雷夫（Gordon S. Seagrave）救护队2名医生、19名缅甸护士，1名中国将军及其警卫，6名英国公益会救护队队员，1名新闻记者，9名印度、马来亚和缅甸的厨师和勤杂工人，几名平民逃难者。（1942年5月）
档案来源：约翰·伊斯特布鲁克（John Easterbrook）

▲ 中国部队修好通往印度英帕尔(Imphal)的桥以后，富兰克林·C.赛博特(Franklin C. Sibert)少将走在美军第一辆通过的吉普车前。(缅甸，1942年5月)
美军通信兵照片
出自美驻印陆军部队公共关系部(1942年7月1日)
美陆军部公共关系部官方发布(1942年8月28日)
档案来源：美国国家档案馆(CBI Photos\RG 111-SC\Box 64\SC-138399)

▲ 史迪威将军正在给随行人员讲话，告诉他们，从现在起开始徒步前行，必须扔掉所有私人物件，仅留下步行能够携带的物品。(1942年5月)
美军通信兵照片
出自美驻印陆军部队公共关系部(1942年7月1日)
美陆军部公共关系部官方发布(1942年8月28日)
档案来源：美国国家档案馆(CBI Photos\RG 111-SC\Box 64\SC-138443\Burma)

▲ 富兰克林·C.赛博特(Franklin C. Sibert)少将正在清理私人物件,扔掉所有不能携带的东西。丹尼尔(Daniel)和他的儿子吉米(Jimmy)以及助手在一旁,清理扔掉的物品,保存能携带的物品。(1942年5月)
美军通信兵照片
出自美驻印陆军部队公共关系部(1942年7月1日)
美陆军部公共关系部官方发布(1942年8月28日)
档案来源:美国国家档案馆(CBI Photos\RG 111-SC\Box 64\SC-138442)

▲ 撤退出缅甸初期，队伍放弃了交通工具，四等技术兵查尔斯·M.加尼斯（Charles M. Janes）和医生戈登·S.西格雷夫（Gordon S. Seagrave）少校正准备步行上路。（1942年5月）
美军通信兵照片
出自美驻印陆军部队公共关系部（1942年7月1日）
美陆军部公共关系部官方发布（1942年8月28日）
档案来源：美国国家档案馆（CBI Photos\RG 111-SC\Box 64\SC-138435）

▲ 中国驾驶员与印度厨师在缅甸村庄向当地人购买食品。树荫下,气温高达华氏115度。(1942年5月)
美军通信兵照片
出自美驻印陆军部队公共关系部(1942年7月1日)
美陆军部公共关系部官方发布(1942年8月28日)
档案来源:美国国家档案馆(CBI Photos\RG 111-SC\Box 64\SC-138440)

▲ 史迪威将军与美国浸信会传教士、农技师科斯(B. C. Case)和保罗·L.琼斯(Paul L. Jones)少校讨论搬运工工作分配。(缅甸,1942年5月)
美军通信兵照片
出自美驻印陆军部队公共关系部(1942年7月1日)
美陆军部公共关系部官方发布(1942年8月28日)
档案来源:美国国家档案馆(CBI Photos\RG 111-SC\Box 64\SC-138446)

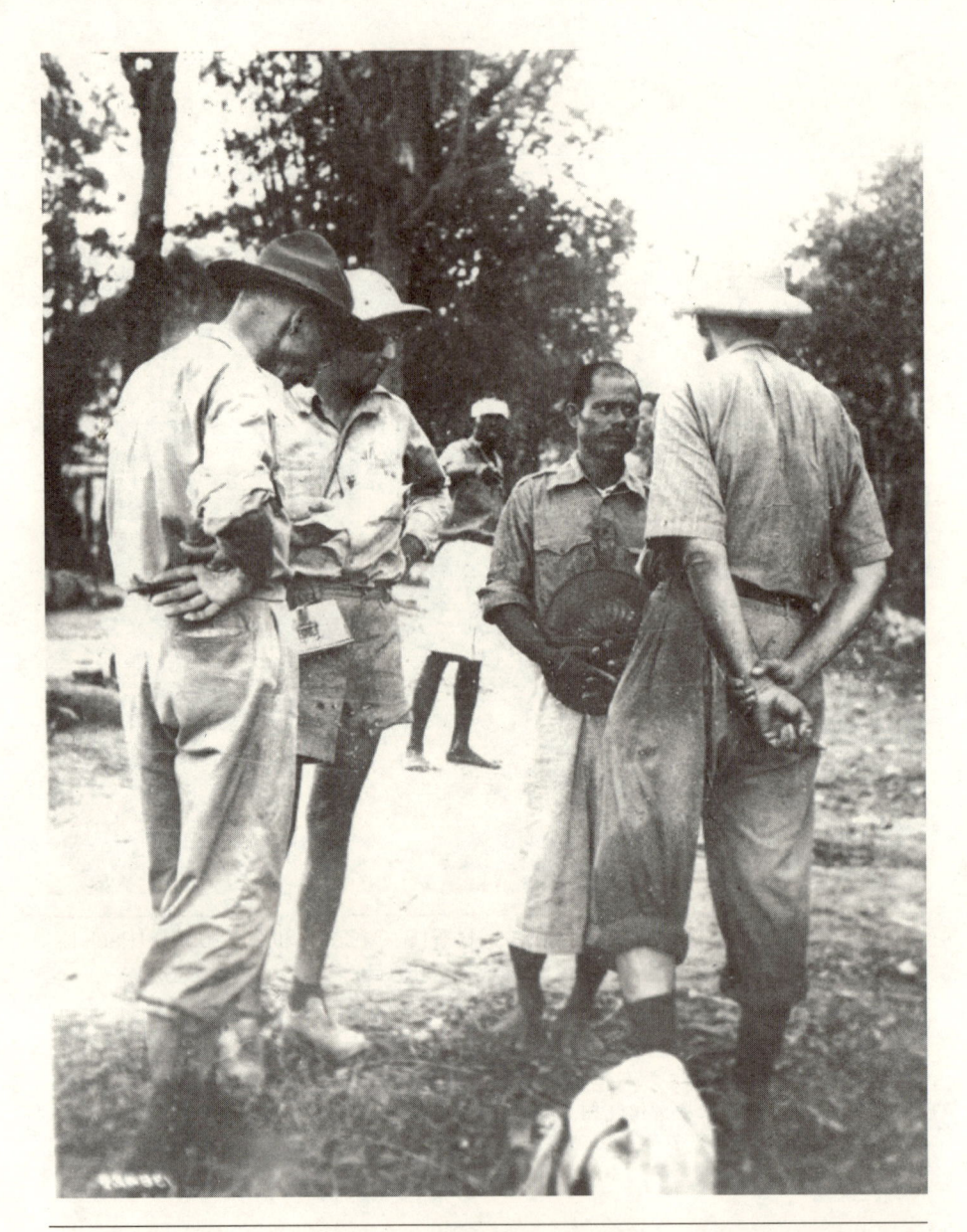

▲ 史迪威将军（左一），《时代与生活》记者杰克·贝尔登（Jack Belden），美国浸信会传教士、农技师科斯（B. C. Case）正在与缅甸当地村长商谈安排购买米以及雇工搬运事项。科斯在中国第5军种植蔬菜，他随史迪威一行从缅甸撤退时担任翻译。（1942年5月）
美军通信兵照片
出自美驻印陆军部队公共关系部（1942年7月1日）
美陆军部公共关系部官方发布（1942年8月28日）
档案来源：美国国家档案馆（CBI Photos\RG 111-SC\Box 64\SC-138429）

三、第一次缅甸战役　　175

▲ 在撤退中,史迪威将军走在队伍的最前面,率领部队翻越崇山峻岭,穿过沼泽、丛林,每天步行15—17英里,于1942年5月20日抵达印度英帕尔(Imphal, India)。图片中,前者为史迪威将军,随后是弗兰克·多恩(Frank Dorn)上校、理查德·杨(Richard Young)上尉。(1942年5月)
美军通信兵照片
出自驻印美军公共关系办公室
档案来源:美国国家档案馆(CBI Photos\RG 111-SC\Box 64\SC-138417)

▲ 撤出缅甸途中，放弃交通工具后三天，史迪威一行在乌尤河(Uyu River)江边，用了一天时间造筏子。一部分人员乘坐筏子日夜不停地向西航行，另一部分人员乘骡子从陆路去缅甸霍马林(Homalin, Burma)，于规定时间与骡队会合。图中史迪威徒步涉过强及河(Chaunggyi River)。(1942年5月)
美军通信兵照片
出自美驻印陆军部队公共关系部(1942年7月1日)
美陆军部公共关系部官方发布(1942年8月28日)
档案来源：美国国家档案馆(CBI Photos\RG 111-SC\Box 64\SC-138419)

▲ 撤退中，戈登·S.西格雷夫(Gordon S. Seagrave)医生手下总是乐于做事的护士们用树叶为筏子搭上顶棚，以遮住刺眼的阳光。(1942年5月)
美军通信兵照片
档案来源：美国国家档案馆(CBI Photos\RG 111-SC\Box 64\SC-138409)

▲ 撤退途中,缅甸护士在忙着制作竹筏。(1942年5月)
美军通信兵照片
驻印美军公共关系办公室发布
档案来源:美国国家档案馆(CBI Photos\RG 111-SC\Box 64\SC-138408)

▲ 在乌尤河(Uyu River)，当地筏夫正在引竹筏通过沙堤过江，威廉·霍尔科姆(William Holcomb)上校(左三)正准备协助筏夫。图中另外两名为本杰明·费里斯(Benjamin Ferris)上校(左二)、保罗·D.杰西(Paul D. Gish)中士(左一)。(缅甸，1942年5月)
美军通信兵照片
出自美驻印陆军部队公共关系部(1942年7月1日)
美陆军部公共关系部官方发布(1942年8月28日)
档案来源：美国国家档案馆(CBI Photos\RG 111–SC\Box 64\SC-138410)

▲ 缅甸撤出途中,史迪威一行在乌尤河(Uyu River)上编制了三个竹筏,竹筏由三段组成,用竹子加固。在江上漂流,竹筏会断裂,所有人不得不离开竹筏,帮忙将竹筏重新修整,再继续前行。(1942年5月)
美军通信兵照片
出自美驻印陆军部队公共关系部(1942年7月1日)
美陆军部公共关系部官方发布(1942年8月28日)
档案来源:美国国家档案馆(CBI Photos\RG 111-SC\Box 64\SC-138426)

▲ 雷·F.切斯勒（Ray F. Chesley）中士将稻草搭在史迪威队伍的竹筏上。(缅甸，1942年5月)
美军通信兵照片
出自驻印美军公共关系办公室（1942年7月1日）
美军公共关系部官方发布（1942年8月28日）
档案来源：美国国家档案馆（CBI Photos\RG 111-SC\Box 64\SC-138431）

▲ 美国士兵在编织渡江（钦敦江"Chindwin River"）竹筏，缅甸护士也加入制作竹筏的工作。（1942年）
美军通信兵照片
驻印美军公共关系办公室发布
档案来源：美国国家档案馆（CBI Photos\RG 111-SC\Box 64\SC-138406）

▲ 保罗·D.杰西(Paul D. Gish)中士和保罗·L.琼斯(Paul L. Jones)少校正在用竹子编织掩蔽体框架放在竹筏上,竹筏沿乌尤河(Uyu River)顺流而下至钦敦江(Chindwin River)。(缅甸,1942年5月)
美军通信兵照片
出自驻印美军公共关系办公室(1942年7月1日)
美军公共关系部官方发布(1942年8月28日)
档案来源:美国国家档案馆(CBI Photos\RG 111-SC\Box 64\SC-138425)

▲ 史迪威将军带领队伍撤出缅甸,准备乘竹筏沿江而下。(1942年5月)
档案来源:约翰·伊斯特布鲁克(John Easterbrook)

▲ 史迪威将军肩上扛着装有牛肉罐头的袋子涉水渡过乌尤江（Uyu River），英国皇家空军为史迪威将军一行空投食品，史迪威将军带着自己的食品份额前行。（缅甸，1942年5月）
美军通信兵照片
美驻印陆军公共关系办公室
美官方于1942年8月28日发布
档案来源：美国国家档案馆（CBI Photos\RG 111-SC\Box 64\SC-138413）

▲ 士兵和缅甸护士乘独木舟渡过缅甸钦敦江(Chindwin River)。(1942年5月)
美军通信兵照片
出自美驻印陆军部队公共关系部(1942年7月1日)
美陆军部公共关系部官方发布(1942年8月28日)
档案来源：美国国家档案馆(CBI Photos\RG 111-SC\Box 64\SC-138404)

▲ 史迪威将军带领队伍撤出缅甸途中。(1942年5月)
　档案来源：约翰·伊斯特布鲁克（John Easterbrook）

▲ 钦敦江(Chindwin River)是1942年5月史迪威将军从缅甸撤退后的第一个目的地。照片中面对镜头者为史迪威将军,富兰克林·C.赛博特(Franklin C. Sibert)背对镜头。图为正装载独木舟准备渡江。(1942年5月)
美军通信兵照片
出自美驻印陆军部队公共关系部
美陆军部公共关系部官方发布(1942年8月28日)
档案来源:美国国家档案馆(CBI Photos\RG 111-SC\Box 64\SC-138434\Burma)

三、第一次缅甸战役　189

▲ 在缅甸霍马林（Homalin, Burma）钦敦江（Chindwin River）边，驮畜队正准备带走队伍余下的人员。图中正中背对照相机者为理查德·杨（Richard Young）中尉。（缅甸，1942年5月）
美军通信兵照片
出自驻印美军公共关系办公室（1942年7月1日）
美军公共关系部官方发布（1942年8月28日）
档案来源：美国国家档案馆（CBI Photos\RG 111-SC\Box 64\SC-138427）

▲ 史迪威将军一行走过沙滩。他们在乌尤河（Uyu River）放弃竹筏，至此，史迪威一行离开乌朔（Wutho），直到抵达钦敦江（Chindwin River），队伍与外界完全失去联系。（1942年5月）
美军通信兵照片
美驻印陆军公共关系办公室
档案来源：美国国家档案馆（CBI Photos\RG 111-SC\Box 64\SC-138411）

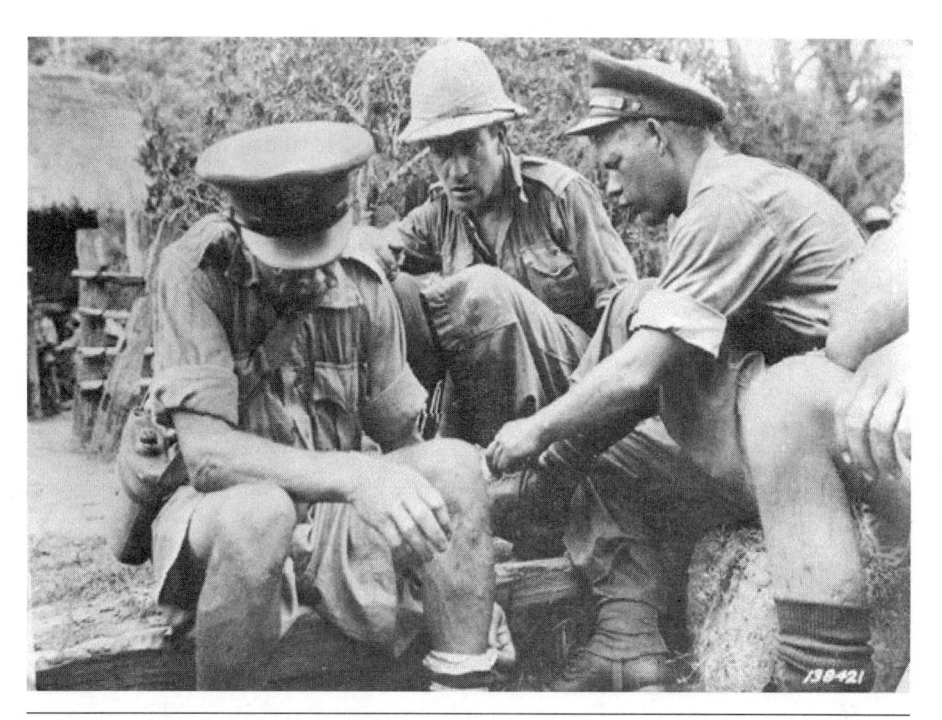

▲ 在缅甸一休息地，戈登·S.西格雷夫(Gordon S. Seagrave)少校，格林德勒(Grindlay)上尉和来自缅甸的一名野战医疗队队员正在包扎伤口。(1942年5月)
美军通信兵照片
出自美驻印陆军部队公共关系部(1942年7月1日)
美陆军部公共关系部官方发布(1942年8月28日)
档案来源：美国国家档案馆(CBI Photos\RG 111-SC\Box 64\SC-138421)

▲ 戈登·S.西格雷夫(Gordon S. Seagrave)带领缅甸护士及野战医疗队的队员通过丛林。(1942年5月)
美军通信兵照片
出自美驻印陆军部队公共关系部(1942年7月1日)
美陆军部公共关系部官方发布(1942年8月28日)
档案来源：美国国家档案馆(CBI Photos\RG 111-SC\Box 64\SC-138423)

▲ 在从缅甸撤出途中，史迪威将军在缅甸霍马林(Homalin, Burma)附近检查自己的冲锋枪。(缅甸，1942年5月)
美军通信兵照片
出自驻印美军公共关系办公室(1942年7月1日)
美公共关系部发布(1942年8月28日)
档案来源：美国国家档案馆(CBI Photos\RG 111-SC\Box 64\SC-138414)

▲ 史迪威将军与富兰克林·C.赛博特（Franklin C. Sibert）少将在缅甸霍马林（Homalin, Burma）钦敦江（Chindwin River）附近的栅栏边休息。钦敦江是史迪威将军从缅甸撤出途中第一个重要的目的地。（缅甸，1942年5月）
美军通信兵照片
出自驻印美军公共关系办公室
美公共关系部官方发布（1942年8月28日）
档案来源：美国国家档案馆（CBI Photos\RG 111-SC\Box 64\SC-138428）

▲ 史迪威在撤退时,发现了这支西藏骡马队,将其收编,为部队驮运行李,随队伍前往印度。(1942年5月)
美军通信兵照片
出自驻印美军公共关系办公室
美陆军公共关系部发布(1942年8月)
档案来源:美国国家档案馆(CBI Photos\RG 111-SC\Box 64\SC-138445)

▲ 装甲部队威拉德·G.怀曼（Willard G. Wyman）上校在缅甸丛林排队领取食品。(1942年5月)
美军通信兵照片
出自美驻印陆军部队公共关系部（1942年7月1日）
美陆军部公共关系部官方发布（1942年8月28日）
档案来源：美国国家档案馆（CBI Photos\RG 111-SC\Box 64\SC-138444\Burma）

三、第一次缅甸战役　197

▲ 撤出缅甸途中，史迪威带领的队伍部分人员在途中休息，他们约每隔一小时休息10分钟，每天走约15英里。（缅甸，1942年5月）
美军通信兵照片
出自驻印美军公共关系办公室
美军公共关系部官方发布（1942年8月28日）
档案来源：美国国家档案馆（CBI Photos\RG 111-SC\Box 64\SC-138416）

▲ 美军保罗·L.琼斯(Paul L. Jones)少校、弗兰克·D.梅里尔(Frank D. Merrill)中校、罗伯特·P.威廉(Robert P. William)上校和艾德里安·圣·约翰(Adrian St. John)上校在缅甸露营地清洁冲锋枪。(1942年5月)
美军通信兵照片
出自驻印美军公共关系办公室
美军公共关系部官方发布(1942年8月28日)
档案来源：美国国家档案馆(CBI Photos\RG 111-SC\Box 64\SC-138424\Burma)

▲ 在撤出缅甸途中，弗兰克·多恩(Frank Dorn)在向搬运工演示A45手枪的使用，福德瑞克·麦克白(Frederick MaCabe)上校在旁观看。(1942年5月)
美军通信兵照片
出自驻印美军公共关系办公室
美军公共关系部官方发布(1942年8月28日)
档案来源：美国国家档案馆(CBI Photos\RG 111-SC\Box 64\SC-138416\Burma)

▲ 福德瑞克·麦克白（Frederick MaCabe）上校在缅甸对饶有兴趣的搬运工们演示如何使用汤普生自动步枪。（1942年5月）
美军通信兵照片
出自驻印美军公共关系办公室
美军公共关系部官方发布（1942年8月28日）
档案来源：美国国家档案馆（CBI Photos\RG 111-SC\Box 64\SC-138430）

三、第一次缅甸战役　　201

▲ 福德瑞克·麦克白(Frederick MaCabe)上校向搬运工展示如何使用枪。(1942年5月)
美军通信兵照片
出自驻印美军公共关系办公室
美军公共关系部官方发布(1942年8月28日)
档案来源：美国国家档案馆(CBI Photos\RG 111-SC\Box 64\SC-138432\Burma)

▲ 一名随史迪威将军走出缅甸的英军中士在途中小憩。(1942年5月)
美军通信兵照片
出自驻印美军公共关系办公室
美军公共关系部官方发布(1942年8月28日)
档案来源：美国国家档案馆(CBI Photos\RG 111-SC\Box 64\SC-138420\Burma)

▲ 史迪威将军带领队伍撤出缅甸,途中小憩。(1942年5月)
档案来源:约翰·伊斯特布鲁克(John Easterbrook)

▲ 史迪威从缅甸撤出途中与翻译曾世奎（Tseng Shih-kwei）。（1942年5月）
档案来源：约翰·伊斯特布鲁克（John Easterbrook）

▲ 撤出缅甸到达印度英帕尔（Imphal，India），史迪威将军站在他的助手前。（1942年5月）

档案来源：约翰·伊斯特布鲁克（John Easterbrook）

四、整训中国军队

战争的胜利离不开一支训练有素、英勇善战的部队。第一次入缅失败的教训使史迪威意识到,实现反攻缅甸的第一步必须装备训练一支军队,所以他把反攻的希望寄托在提高中国军队的素质和装备上。当杜聿明还在野人山(Naga Hill)中艰难跋涉时,史迪威已开始数次往返于印度德里和中国重庆,为撤到印度的中国军队争取训练场所和必要物资准备。

1942年7月,由孙立人的新编第38师、廖耀湘的新编第22师及第5军共约9000人组成的中国驻印军成立,史迪威将军被蒋介石正式任命为驻印军总指挥。8月26日,印度兰姆伽(Ramgarh, India)训练中心建立,下设三个总部:训练中心、哨所和指挥部。印度当局负责提供卢比,以解决军饷和就地购物之需;重型军用装备、医药和运输等在中国的租借法案上记账、购买;中方则监管纪律和行政。史迪威将军建立了一套与中国传统训练完全不同的新制度,受训部队全部使用美式装备;300名教官是史迪威精心从美军中挑选出来的,其中不少毕业于西点军校;训练内容包括列队操练、体格训练、战术指挥、无线电联络、步兵、炮兵、坦克协调系统、地空协同系统、反空降战术等,并把丛林适应性训练作为主要课程,史迪威将军下狠心要把中国兵训练成林中之虎。此外,受训官兵都要学习战地卫生和医疗救护,以便在战场上互救或自救。为便于掌握情况,他还向中国部队派出美军联络组或顾问。史迪威将军的目标是重新整合部队,并且计划训练出两个师、三个炮兵团和一个工程兵团。为保证训练的正常进行,史迪威创设了许多军事技术学校,如战车、汽车、通讯、工兵、指挥学校,以及专门训练炊事兵的后勤保障学校。通过"驼峰航线",蒋介石陆续从国内空运部队去印度受训,至12月,受训部队达到3.2万人。在史迪威的不懈努力下,中国驻印军转变成为一支装备精良、士气高昂、训练有素、战术过硬的现代化部队,为反攻缅甸打下了坚实的基础。

　　史迪威将军还着手筹建计划中的滇西远征军,即Y部队。为了培训现代战争的骨干,蒋介石于1943年4月在昆明建立了"军事委员会驻滇干部训练团",在大理分团创办了军医人员训练班,史迪威派弗兰克·多恩(Frank Dorn)上校为干训团参谋长。他计划为参加滇西反攻的30个师训练1500名军官并配备美式装备,担任Y部队主力。至1944年8月,在兰姆伽、昆明和大理的训练机构先后接受过训练的各级军官达到1万余人,为日后中国滇西反攻储备了指挥管理人才。

▲ 史迪威将军在印度基地组织一支新的中国部队，部队由美国武器装备，准备向日军发起反攻。图中史迪威将军戴着在第一次世界大战中在法国服役时的美陆军旧式宽边毡帽。
出自美战争信息办公室（编号：H782-P）
档案来源：美国国家档案馆（Joseph W. Stilwell Photo\Box 193\208- PU-193 P\ Stilwell Portraits）

四、整训中国军队

▲ 兰姆伽（Ramgarh）位于印度以北，与西藏和尼泊尔毗邻。高高的喜马拉雅山和滚滚的恒河恰好把这片不毛之地夹持其间，过去作为战俘营能有效地防止战俘逃跑；如今，将中国大军隔离在此，起到良好的天然保护作用。图为印度兰姆伽训练中心大门。
美军通信兵照片
档案来源：美国国家档案馆

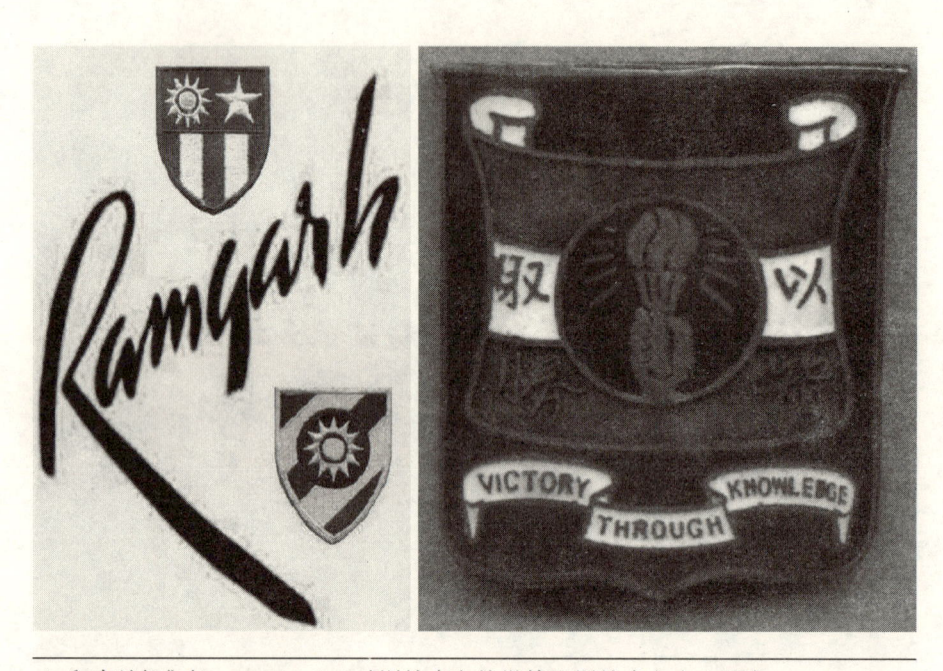

▲ 印度兰姆伽(Ramgarh, India)训练中心的徽符和训练中心个人臂章。
档案来源：戈叔亚

▲ 前往印度阿萨姆(Assam, India)途中,中国部队一下火车,立即准备乘船继续向目的地进发。图为战士们在中国军官的指挥下转运装备上船。

档案来源:美国斯坦福大学胡佛研究所档案馆(Joseph W. Stilwell Collection\Box 111\51001-9.18\NNN 1\51001-10 A-V)

▲ 中国部队士兵搭建帐篷，供部队住宿，部队到达印度阿萨姆(Assam, India)之前，船只将装备运到该地点。
档案来源：美国斯坦福大学胡佛研究所档案馆(Joseph W. Stilwell Collection\Box 111\51001-9.18\NNN 1\51001-10 A-V)

▲ 1942年8月26日，印度兰姆伽(Ramgarh, India)训练中心举行了开训典礼。这支在缅甸战场惨遭失败、在野人山备受磨难的中国驻印军，如今又雄赳赳地站立起来了。他们要高举战旗，以百倍的勇敢杀回缅甸，消灭日寇，报仇雪恨。中国远征军新编第38师和新编第22师等部队在印度兰姆伽训练中心将接受美国教官的训练，换美式装备。(1942年8月23日)
出自美陆军战争信息办公室
档案来源：约翰·伊斯特布鲁克(John Easterbrook)

▲ 经过不懈的努力和操劳奔波，史迪威将军终于得到富兰克林·D.罗斯福（Franklin D. Roosevelt）、亨利·L.史汀生（Henry L. Stimson）和乔治·C.马歇尔（George C. Marshall）的全力支持。他们慷慨许诺由美国负责驻印军的装备和训练，并说服英国同意用租借物资为受训人员提供膳食和薪饷。现在，史迪威将军面前的队伍阵容严整，装备齐全。他们曾跟随他在缅甸出生入死，不少人刚从医院出来，身上还带着伤疤和各种疾病留下的印记。他对这支部队寄予厚望，并取名为X部队。图为史迪威将军在兰姆伽（Ramgarh）训练中心对部队官兵讲话。（1942年8月23日）
出自美陆军战争信息办公室
档案来源：约翰·伊斯特布鲁克（John Easterbrook）

▲ 史迪威将军在印度兰姆伽训练中心向受训的中国新编第22师官兵用中文讲话。（1942年8月23日）
出自美陆军战争信息办公室
档案来源：约翰·伊斯特布鲁克（John Easterbrook）

▲ 训练计划规定中国官兵分开受训。步兵受训的内容包括队列操练、战术理论、武器操作、防空防弹、格斗术、丛林作战、侦察捕俘、反坦克战斗等;军官受训的内容包括队列操练、体格训练、战术指挥、无线电联络、步炮坦协调、地空协同、反空降战术等。图为史迪威将军在印度兰姆伽(Ramgarh, India)指导受训中国战士。(1942年8月23日)
美陆军战争信息办公室
档案来源:约翰·伊斯特布鲁克(John Easterbrook)

▲ 兰姆伽（Ramgarh）受训部队由有作战经验的中国士兵组成，美式装备，准备向日军发起反攻。史迪威将军承诺只要中美战士协同作战，就一定能够战胜敌军，反攻将以中美士兵肩并肩行进在东京大街上而结束。图为史迪威将军与其指挥的部队在训练基地，步枪射击训练时，他给予中国陆军士兵清晰明了的指示。（1942年10月22日）

档案来源：美国国家档案馆（Joseph W. Stilwell Photo\208-PU-193 R\Stilwell India\4781-P）

▲ 史迪威将军是美国士兵的"乔大叔",中国士兵的"史将军",将军既是士兵的指挥官,也是朋友。实弹射击时,他常常卧倒在士兵身旁,耐心地为他们做示范校正瞄准点。图为史迪威将军检查炮兵部队火力的精确度。

档案来源:美国国家档案馆(Joseph W. Stilwell Photo\208-PU-193 R\Stilwell India\4783-P)

四、整训中国军队 219

▲ 史迪威将军在印度兰姆伽(Ramgarh, India)训练营地视察新编第38师。(1942年)
档案来源：约翰·伊斯特布鲁克(John Easterbrook)

▲ 史迪威将军在训练营地视察并指导中国战士使用机关枪。(印度,1942年10月15日)
档案来源:东方IC

▲ 史迪威深知中国军队缺乏重型武器尤其是大炮，因而他特别注重火炮的训练，专门开设了火炮课程。他的目标是要把步炮兵比例从9∶1提高到3∶1，并确信这是提高中国军队战斗力的重要途径和夺取缅北反攻战，直至最后反攻日本本土胜利的重要保证。他要求受训人员都必须学会驮载炮、榴弹炮、丛林作战突击炮的操作和使用。图为史迪威将军与孙立人在印度兰姆伽（Ramgarh, India）视察受训部队。（1943年）
美军通信兵照片
档案来源：约翰·伊斯特布鲁克（John Easterbrook）

▲ 强化训练使史迪威相信,平时多流汗,战时少流血。"加大训练量"是他的口头禅。每周教官开碰头会,他都要重复这一点。对高质量的追求有时也会使他变得严酷无情。假若他对某团的训练成绩有疑问,他会夜半三更紧急集合,亲自过目验收,然后才会放心地躺到他的行军床上去。图为史迪威将军在印度兰姆伽(Ramgarh, India)训练营地视察新编第38师,检查射击训练。(1943年)
档案来源:约翰·伊斯特布鲁克(John Easterbrook)

四、整训中国军队 223

▲ 史迪威将军与孙立人军长、海顿·波特纳(Haydon Boatner)准将在印度阿萨姆(Assam, India)视察中国部队。(1943年)
美军通信兵照片
档案来源：约翰·伊斯特布鲁克(John Easterbrook)

▲ 史迪威将军与孙立人将军在印度兰姆伽(Ramgarh, India)检查部队训练。(1943年)
档案来源：约翰·伊斯特布鲁克(John Easterbrook)

四、整训中国军队　225

▲ 史迪威视察印度兰姆伽(Ramgarh, India)训练中心。
美军通信兵照片
档案来源：美国国家档案馆

▲ 军训无疑是艰苦的,由于翻译人员缺乏,训练主要通过示范进行。中国人善于模仿,加之复仇的火焰,使中国士兵格外刻苦。许多人不到一周就学会使用枪炮,半个月就会摆弄野战电话和无线电收发报机,习惯了戴防毒面罩,普遍提高了射击精度。在训练中心受训的中国部队在缅北那加(Naga)山区跟踪到敌军的路线,向日军后方及通讯线进行攻击,赢得了胜利。图为在印度兰姆伽(Ramgarh, India)训练中心,一名中国士兵在进行野战炮兵检测科目中,操作战地电话交换台,交换台隐藏在距离蓄电池不远的壕沟里。(1944年8月)
美军通信兵照片(编号:CBI-44-11280)
五等技术兵McCance拍摄
档案来源:美国斯坦福大学胡佛研究所档案馆(Joseph W. Stilwell Collection\Box 111\51001-9.18\NNN 1\51001-10 A-V)

▲ 通信培训是受训部队训练的一个重要阶段。此时，李广朝(Kwang Chao-Li)中尉正在机库的试验台上检查有缺陷的无线电接收机。来自新泽西州(NJ)的安东尼·普夫利亚(Anthony Puflia)中士(左)在一旁协助，而来自俄克拉荷马州乔斯妥(Chostow, OK)的维森南(W. L. Whisenant)中士(右)则在继续做他自己的工作。
美国国家档案馆存(National Archives and Records Administration，网址：http://www.fold3.com/image/1/28851867)
档案来源：美国驻成都总领事馆

▲ 来自俄亥俄州斯普林菲尔德(Springfield, OH)的哈考曼(T. F. Hackleman)上尉在对中国官兵进行飞机识别培训。
美国国家档案馆存(National Archives and Records Administration，网址：http://www.fold3.com/image/1/28851871)
档案来源：美国驻成都总领事馆

四、整训中国军队　229

▲ 中国野战炮兵接受检测训练。从左至右：第5团的宋（C. M. Sung）上校、高级联络官波特（M. M. Potter）上校、第5团指挥官刘（T. M. Liu）在印度兰姆伽（Ramgarh, India）训练中心的前线指挥部。波特（M. M. Potter）上校来自德克萨斯州加尔维斯顿（Galveston, TX）。（1944年8月）
美军通信兵照片（编号：CBI-44-11295）
四等技术兵Dutton拍摄
档案来源：美国斯坦福大学胡佛研究所档案馆（Joseph W. Stilwell Collection\Box 111\51001-9.18\NNN 1\51001-10 A-V）

▲ 在印度兰姆伽(Ramgarh, India)的美陆军训练中心，孙立人将军(右)陪同史迪威将军(中)视察美军训练和装备的中国部队。(1943年10月)
美联社照片
美国国家档案馆存(Joseph W. Stilwell Photo\208-PU-193 C\Stilwell Inspecting Troops\16713-PPA)
档案来源：东方IC

四、整训中国军队　231

▲ 1943年春,在印度受训的中国军队改编为新1军。整个军部人员只有40多人,军部下辖新编第22师、新编第38师。每师有步兵3团,炮兵2营,工兵1营,通讯兵1营,辎重兵1营,外加卫生队和特务连,此外,直属指挥部的部队还有3个炮兵团,每团有重炮36门,1个汽车团;有载重汽车400辆,2个工兵团,2个重型迫击炮团;有重型迫击炮48门,1个骡马辎重兵团,1个特务营,1个通讯营,1个战车训练处。图为史迪威将军(左三)在孙立人将军(左一)和远征军总司令、副参谋长罗卓英(左二)的陪同下视察驻印中国部队。
出自美陆军战争信息办公室
档案来源:美国国家档案馆(Joseph W. Stilwell Photo\ 208-PU-193 R\Stilwell India\ 5803-A)

▲ 初期训练结束后，史迪威飞回重庆，向蒋介石详细汇报了训练情况，提供了大量照片和电影资料。蒋介石十分满意，立即批准了史迪威为中国训练、装备30个师的计划。该计划的部队指挥员也被送往印度兰姆伽（Ramgarh, India）接受为期6周的训练。这些部队大多属于滇西远征军的编制，为日后中国滇西反攻战准备了指挥管理人才。图为史迪威将军与弗兰克林·C.赛博特（Franklin C. Sibert）少将、孙立人将军、廖耀湘将军在兰姆伽讨论中国军队训练。（1943年）

档案来源：约翰·伊斯特布鲁克（John Easterbrook）

▲ 史迪威将军视察中美训练中心的汽车学校，观看中国汽车修理工修理汽车水箱。史迪威将军头戴宽边毡帽，衬衣领上佩戴三枚将星。（1943年1月20日）
出自美陆军战争信息办公室
档案来源：美国国家档案馆（Joseph W. Stilwell Photo\208-PU-193\Stilwell Inspecting Troops\6777-A）

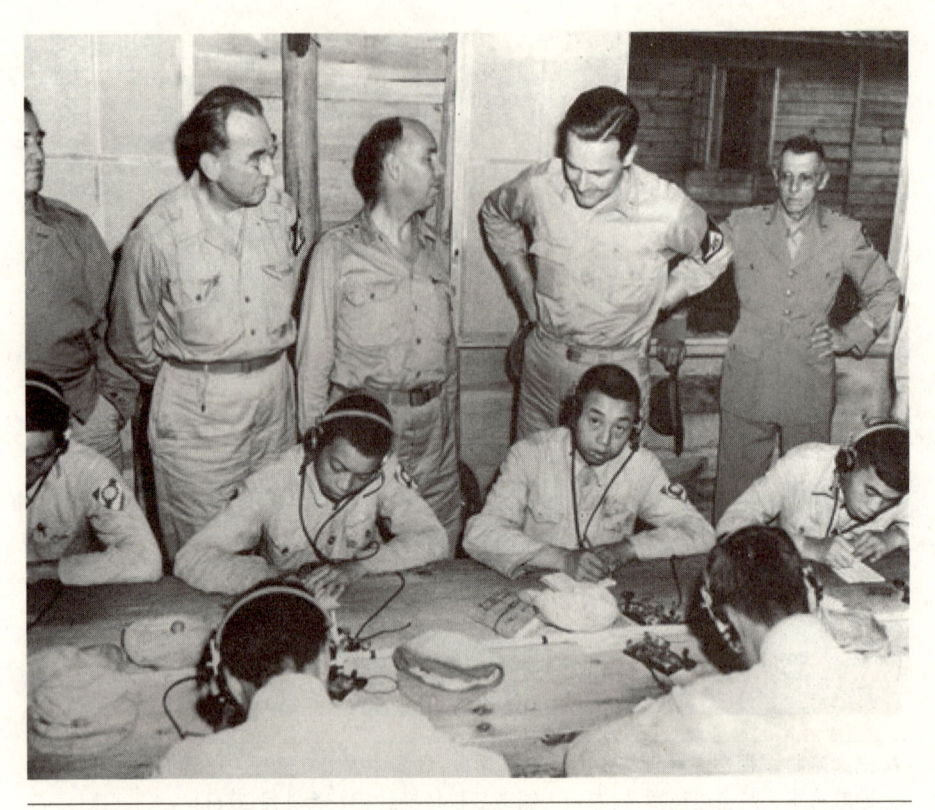

▲ 史迪威将军陪同美国参议院詹姆斯·米德（James Meade）等议员参观昆明步兵学校，该校教习中国青年学习现代化作战策略，教官都是美国军官。(1943年8月26日)
档案来源：东方IC

▲ 史迪威将军在印度兰姆伽（Ramgarh, India）。从左至右：欧尼斯特·弗雷德·伊斯特布鲁克（Ernest Fred Easterbrook，史迪威将军的女婿）上校、史迪威将军。（1943年）
档案来源：美国斯坦福大学胡佛研究所档案馆（Paul L. Jones\Box 4\80149-214.02\Stilwell）

▲ 中国士兵正在使用75毫米榴弹炮上的瞄准器。这名士兵是印度境内兰姆伽（Ramgarh, India）中国新编第22师陆军野战炮兵的一名教员。(1944年2月29日)
美军通信兵照片(编号：CBI-XX-20905)
五等技术兵Clare W. Leipnitz拍摄
出自驻印美军公共关系部(1948年8月17日)
美陆军部公共关系部官方发布
档案来源：美国国家档案馆(CBI Photos\RG 111-SC\Box 474\263221-263260\SC-263243)

▲ 罗伯特·M.坎龙（Robert M. Cannon）中校将教授内容用英语写在黑板上，罗（Loh）上校翻译成中文。(1944年)

档案来源：美国斯坦福大学胡佛研究所档案馆（Joseph W. Stilwell Collection\Box 111\51001-9.18\NNN 1\51001-10 A-V）

▲ 美国陆军特种兵演示正面进攻时的防御动作，学习柔道的中国士兵在旁观看。（1944年3月）
美军通信兵照片（编号：XX-10742）
五等技术兵McCance拍摄
档案来源：美国斯坦福大学胡佛研究所档案馆（Joseph W. Stilwell Collection\Box 111\51001-9.18 NNN 1\51001-10 A-V）

▲ 在印度兰姆伽(Ramgarh, India)训练中心，一名战士卧姿射击，以演示背包的位置。(1944年)
美军通信兵照片(编号：XX-15144)
一等兵 F. L. Andrews 拍摄
出自美驻印陆军部队公共关系部(1948年7月16日)
美陆军部公共关系部官方发布
档案来源：美国国家档案馆(CBI Photos\RG 111-SC\Box 525\277341-277380 3795\SC-277379)

▲ 第14师在印度利多公路(Ledo Road, India)22英里处的训练基地受训，师部主要联络官塔波尔(Wm. A. Tabor)中校晋升为上校、甘普(A. M. Gump)少校晋升为中校，第14中国师全体人员参加了为晋升举行的晚会。塔波尔中校和甘普少校分别来自美国北卡罗来纳州达勒姆(Durham, NC)和田纳西州约翰森市(Johnson, TN)。(1944年8月23日)
美军通信兵照片(编号：CBI-44-23324)
五等技术兵 Clare W. Leipnitz 拍摄
美军公共信息部发布
档案来源：美国国家档案馆(BI Photos\RG 111-SC\Box 488\266901-266940 3535\SC-266931)

▲ 美国教官正在给中国翻译指导如何使用37毫米反坦克炮。图中戴钢盔者为基纳·克里斯利普(Jena Crislip)中士，约翰·H.布朗(John H. Brown)中士在其后协助。基纳·克里斯利普中士来自西弗吉尼亚州维斯顿(Weston, WV)，约翰·H.布朗中士来自田纳西州韦夫利(Waverly, TN)。(1944年4月18日)
美军通信兵照片(编号：CBI-44-27721)
Gutmann 拍摄
档案来源：美国斯坦福大学胡佛研究所档案馆(Joseph W. Stilwell Collection\Box 89\Accession No. 51001-207.04 III 6\51001-10 A-V)

▲ 中国驻印军战士在印度兰姆伽(Ramgarh, India)接受汽车驾驶训练。
档案来源：美国国家档案馆

▲ 在对中国驻印军强化训练的同时，史迪威着手重建计划中的滇西远征军即Y部队。他计划中国军队最后缩编为大约100个满员师，作为核心力量的头30个师在昆明接受美式武装，强化训练后担任Y部队主力，即盟军从东线夹击日军的突击部队。图为中国步兵在云南大屯（Datun）接受美军射击训练。(1944年5月1日)
美军通信兵照片（编号：CBI-44-28070）
美陆军部公共关系部发布
档案来源：美国国家档案馆（CBI Photos\RG 111-SC\Box 343\226493-226532 2523\SC-226528）

▲ 中国步兵在云南大屯(Datun)接受木柄手榴弹投掷训练。(1944年5月18日)
美军通信兵照片(编号：CBI-44-28064)
美陆军部公共关系部发布
档案来源：美国国家档案馆(CBI Photos\RG 111-SC\Box 343\226493-226532 2523\SC-226529)

四、整训中国军队

▲ 中国步兵在云南大屯(Datun)接受木柄手榴弹投掷训练，训练教官在旁观察投掷位置。(1944年5月18日)
美军通信兵照片（编号：CBI-44-28063）
美陆军部公共关系部发布
档案来源：美国国家档案馆（CBI Photos\RG 111-SC\Box 343\226493-226532 2523\SC-226530）

▲ 中国步兵在云南大屯（Datun）练习手榴弹投掷。（1944年5月18日）
美军通信兵照片（编号：CBI-44-28062）
美陆军部公共关系部发布
档案来源：美国国家档案馆（CBI Photos\RG 111-SC\Box 343\226493-226532 2523\SC-226531）

▲ 中国步兵在云南大屯(Datun)接受训练。(1944年5月18日)
美军通信兵照片(编号:CBI-44-28061)
美陆军部公共关系部发布
档案来源:美国国家档案馆(CBI Photos\RG 111-SC\Box 343\226493-226532 2523\SC-226532)

▲ 两名美国士兵和中国士兵正在比较各自的美式防毒面具,这名中国士兵曾在昆明接受防化训练中,在毒气室里使用过其手中的防毒面具。(1943年1月10日)
美国国家档案馆存(National Archives and Records Administration,网址:http://www.fold3.com/image/1/28853063)
档案来源:美国驻成都总领事馆

▲ 中国昆明步兵训练中心（ITC）参谋培训学校的中国军官在上课前观看乔治·E.诺尔（George E. Noll）上尉在防空演习中使用德制马克西姆式机枪射击，默温·E.罗吉尔斯（Merwin E. Rogers）上士在一旁协助。乔治·E.诺尔上尉来自佛罗里达州圣皮特斯堡（St. Petersburgh, FL），默温·E.罗吉尔斯上士来自宾夕法尼亚州维克斯贝瑞市（Wilkes-Barre, PA）。（1944年9月23日）
美军通信兵照片（编号：CBI-44-60448）
第164摄影连五等技术兵 John B. Hendrick 拍摄
美陆军部公共关系部发布
档案来源：美国国家档案馆（CBI Photos\RG 111-SC\Box 345\226937-226976 2534\SC-226930）

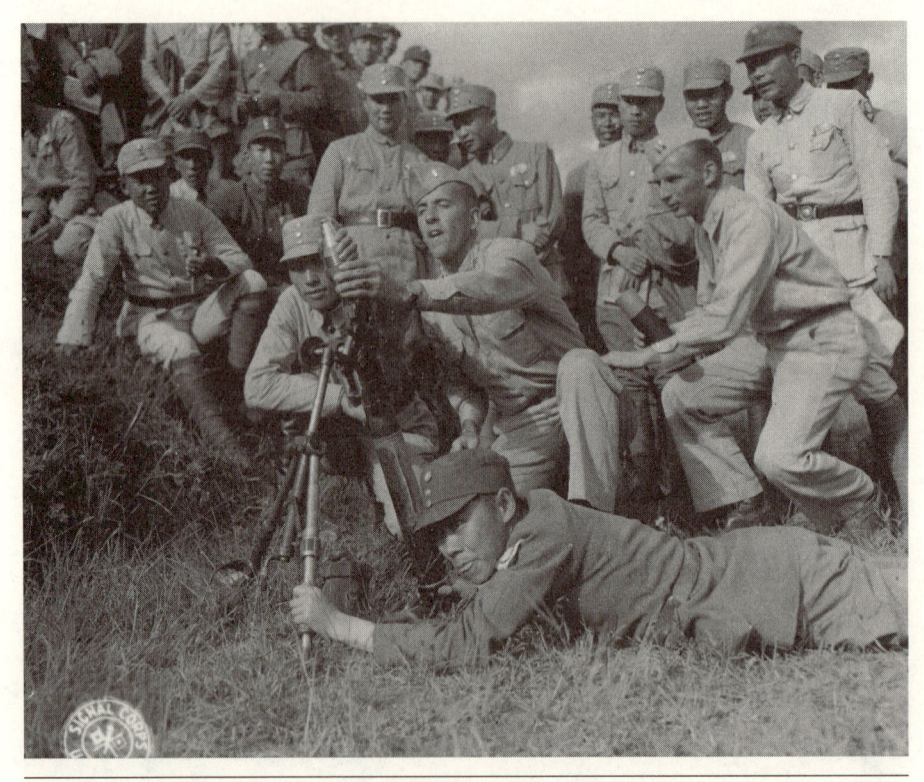

▲ 云南昆明的步兵训练中心(ITC)参谋培训学校上课情况。约翰·W.李(John W. Lee)中尉(中)演示60毫米迫击炮的射击，指导王(Wang Cheh Tso)少校(左)和唐(Tang Wei Tan)中校(右)在一旁协助。约翰·W.李中尉来自衣阿华州华盛顿(Washington, IA)。(1944年9月23日)
美军通信兵照片(编号：CBI-44-60446)
第164摄影连五等技术兵John B. Hendrick拍摄
美陆军部公共关系部发布
档案来源：美国国家档案馆(CBI Photos\RG 111-SC\Box 345\226897-226936 2533\SC-226929)

▲ 云南昆明的步兵训练中心(ITC)参谋培训学校,约翰·R.曼宁(John R. Manning)中尉为受训中国官员演示巴祖卡火箭筒发射。约翰·R.曼宁中尉来自马萨诸塞州阿灵顿(Arlington, MA)。(1944年9月23日)
美军通信兵照片(编号:CBI-44-60449)
第164摄影连五等技术兵John B. Hendrick拍摄
美陆军部公共关系部发布
档案来源:美国国家档案馆(CBI Photos\RG 111-SC\Box 345\226897-226936 2533\SC-226931)

▲ 在滇西远征军系统里，同样实行史迪威的新制度，安排有相当数量的美国教官，各集团军师团均有美国联络和参谋组人员。图为云南昆明的步兵训练中心(ITC)参谋培训学校出版部。(1944年9月23日)
美军通信兵照片(编号:CBI-44-60450)
第164摄影连五等技术兵 John B. Hendrick 拍摄
美陆军部公共关系部发布
档案来源：美国国家档案馆（CBI Photos\RG 111-SC\Box 345\226897-226936 2533\SC-226932）

▲ 约翰·W.李(John W. Lee)中尉在云南昆明的步兵训练中心(ITC)参谋培训学校指导受训的中国军官如何使用37毫米高射炮。约翰·W.李中尉来自衣阿华州(IA)。(1944年9月23日)
美军通信兵照片(编号:CBI-44-60454)
第164摄影连五等技术兵John B. Hendrick拍摄
美陆军部公共关系部发布
档案来源:美国国家档案馆(CBI Photos\RG 111-SC\Box 345\2226897-226936 2533\SC-226933)

▲ 在云南昆明的步兵训练中心（ITC）参谋培训学校，约翰·R.曼宁（John R. Manning）中尉正在指导中国军官使用和维护汤普森冲锋枪。约翰·R.曼宁中尉来自马萨诸塞州阿灵顿（Arlington, MA）。（1944年9月23日）
美军通信兵照片（编号：CBI-44-60456）
第164摄影连五等技术兵 John B. Hendrick 拍摄
美陆军部公共关系部发布
档案来源：美国国家档案馆（CBI Photos\RG 111-SC\Box 345\226937-226976 2534\SC-226951）

四、整训中国军队　255

▲在云南昆明的步兵训练中心(ITC)参谋培训学校,约翰·W.李(John W. Lee)中尉正在向中国官员演示如何使用汤普森冲锋枪。约翰·W.李中尉来自衣阿华州华盛顿(Washington,IA)。(1944年9月23日)
美军通信兵照片(编号:CBI-44-60457)
第164摄影连五等技术兵John B. Hendrick 拍摄
美陆军部公共关系部发布
档案来源:美国国家档案馆(CBI Photos\RG 111-SC\Box 345\226937-226976 2534\SC-226952)

▲ 在云南昆明步兵训练中心参谋培训学校，乔治·E.诺尔（George E. Noll）上尉正在给中国军官们讲授步兵武器的特点。诺尔上尉来自佛罗里达州圣皮特斯堡（St.Petersburgh, FL）。(1944年9月23日)
美军通信兵照片（编号：CBI-44-60455）
第164摄影连五等技术兵 John B. Hendrick 拍摄
美陆军部公共关系部发布
档案来源：美国国家档案馆（CBI Photos\RG 111-SC\Box 345\226937-226976 2534\SC-226950）

▲ 在云南昆明步兵训练中心（ITC）参谋培训学校，埃尔伯特·W.马丁（Elbert W. Martin）上校正与高级培训讲师、行政主管和参谋军官们举行会议。（1944年9月24日）
美军通信兵照片（编号：CBI-44-60436）
第164摄影连五等技术兵John B. Hendrick拍摄
美陆军部公共关系部发布
档案来源：美国国家档案馆（CBI Photos\RG 111-SC\Box 345\226817-227096 2534\SC-226925）

▲ 中国受训军官在云南昆明步兵训练中心（ITC）参谋培训学校上课。（1944年9月25日）
美军通信兵照片（编号：CBI-44-60438）
第164摄影连五等技术兵John B. Hendrick拍摄
美陆军部公共关系部发布
档案来源：美国国家档案馆（CBI Photos\RG 111-SC\Box 345\226937-226976 2534\SC-226926）

四、整训中国军队　259

▲ 在云南昆明步兵培训中心(ITC)参谋培训学校第一期受训的中国军官。(1944年9月25日)
美军通信兵照片(编号：CBI-44-60439)
第164摄影连五等技术兵John B. Hendrick拍摄
美陆军部公共关系部发布
档案来源：美国国家档案馆(CBI Photos\RG 111-SC\Box 345\226937-226976 2534\SC-226927)

▲ 在云南昆明的步兵训练中心(ITC)参谋培训学校的教官们。前排从左至右：李(John Lee)中士、二等兵唐纳德·J.莫谢尔(Donald J. Mosher)、五等技术兵阿道尔夫·J.斯纳吉尔(Adolph J. Schrager)；后排从左至右：亨利·W.潘特尔(Henry W. Pantar)中士、迈尔斯·霍尔顿(Miles Holden)中士、乔治·W.兰斯(George W. Rance)上士、罗伯特·L.尤比勒(Robert L. Ubele)上士、二等兵乔治·E.艾森(George E. Ison)。(1944年9月25日)
美军通信兵照片(编号：CBI-44-60444)
第164摄影连五等技术兵John B. Hendrick拍摄
美陆军部公共关系部发布
档案来源：美国国家档案馆(CBI Photos\RG 111-SC\Box 345\226937-226976 2534\SC-226928)

▲ 按照史迪威滇西反攻建立Y部队的设想，蒋介石在昆明、大理一带设立"军委会驻滇干训团"，并亲自担任团长，龙云、陈诚任副团长，杜聿明任教育长。与驻印军不同，训练对象是副团长以下的营、连、排干部。只有炮兵训练班例外，各军炮兵营全部官兵到昆明接受崭新的美式装备后，参加训练，直到训练完毕才回到各部。图为史迪威将军在昆明炮兵训练中心。

档案来源：约翰·伊斯特布鲁克（John Easterbrook）

▲ 史迪威将军在昆明炮兵训练中心。
档案来源：约翰·伊斯特布鲁克（John Easterbrook）

四、整训中国军队　263

▲ 史迪威将军在昆明炮兵训练中心视察。
档案来源：约翰·伊斯特布鲁克（John Easterbrook）

▲ 史迪威将军在昆明炮兵训练中心与士兵们在一起。
　　档案来源：约翰·伊斯特布鲁克（John Easterbrook）

▲ 史迪威预计两年后,中国官兵的训练总数将达到53000人。图为史迪威将军在云南中国部队训练基地。

档案来源:约翰·伊斯特布鲁克(John Easterbrook)

▲ 中国受训部队炮兵连与他们的美军教官从村庄转移到炮位地点。(1944年5月20日)
美军通信兵照片(编号：CBI-44-26166)
档案来源：美国国家档案馆(CBI Photos\111-SC\Box 358\SC-230554)

▲ 在史迪威将军的不懈努力下，中国驻印军成为一支装备精良、士气高昂的队伍，战斗力大大增强。1943年9月，按史迪威将军的部署，驻印军离开训练营地兰姆伽（Ramgarh），迅速前进到利多（Ledo）集结。10月，史迪威令孙立人率新编第38师、廖耀湘率新编第22师大部队沿中印公路扫荡前进，拉开了缅北反攻战的序幕。图为在印度兰姆伽经过美军训练装备的中国军队奔赴前线。
美军通信兵照片
档案来源：美国国家档案馆

▲ 一名中国空军军官在昆明空军基地接受美国空军军官的林克飞行模拟器（Link Trainer）操作指导。(1945年3月20日)
美国国家档案馆存（网址：http://www.fold3.com/image/1/28853029）
档案来源：美国驻成都总领事馆

▲ 中国机械师学员在昆明陆军训练中心(ATC)接受美国陆军航空部队士兵提供的飞机维护培训。(1945年5月30日)

美国国家档案馆存(National Archives and Records Administration,网址:http://www.fold3.com/image/1/28853032)

档案来源:美国驻成都总领事馆

五、打通中印公路

1942年5月,日军占领缅北,切断了滇缅公路,中国再次与世隔绝。要提高中国的抗战能力需要开通援华的陆上国际通道。

拟定修建的公路从印度利多(Ledo, India)经缅甸密支那(Myitkyina, Burma),与中国旧滇缅路相接,最后通至云南昆明,全长1079英里。公路的勘测设计、筑路机械和油管器材由美方负责,施工由中美正规工兵部队及劳工7000多人承担,开路先锋则是中国驻印军工兵团。为保证施工的安全,史迪威命令驻印军新编第38师114团驻扎在距筑路队一天行程的前方地带,执行修筑公路的警戒任务。

1942年12月10日,中印公路破土动工。公路沿线是人迹罕至的原始森林、悬崖峭壁、高山深谷,加之气候恶劣、疾病蔓延、人力物力匮乏,更为严重的是近在咫尺的日军威胁,这是一个极其艰险的工程,对工程人员来说是前所未有的严峻挑战。史迪威任命著名的水利工程专家刘易斯·皮克(Lewis Pick)上校为筑路总工程师。他的命令简单明了:"部队打到哪里,就把路给我修到哪里!"(塔奇曼,1994年)

其实,皮克的使命才最终体现了缅甸作战的目的。1943春天,先头部队越过印缅边境,10月29日,一举攻克了胡康河谷(Hukawng Valley)的门户新平洋(Shingbwiyang),为筑路工程中最关键的一段扫清了障碍。1944年8月,中美军队攻陷密支那,打通了中印公路最艰巨的一段,为打开中印陆上交通奠定了牢实的基础。1945年1月,中印公路全线开通,并在中国门户畹町举行了隆重的通车典礼。浩浩荡荡的车队在中美空军的掩护下,缓缓驶入中国境内,中国再度见到了从陆路运送来的援华物资。为纪念史迪威将军在缅甸作战与开辟公路的卓越贡献,蒋介石在公路开通典礼之日,正式宣布将中印公路命名为"史迪威公路"。

此时,史迪威将军已经回到美国。他发表了热情的讲话,向为建设这条公路而战斗的所有人——步兵、工程兵、医疗队、空军飞行员、汽车驾驶员和劳工们致敬,而对自己的作用却未提只言片语,仿佛他从来没有去过那里。

史迪威公路成为陆路运送援华物资的大动脉。公路通车后,堆积在印度的军用物资源源不断运送到中国。自1945年2月至10月,共有433个车队、2.5万辆卡车满载物资经史迪威公路抵达中国,运送物资达3万吨之多。同时,沿着公路还铺设了从印度通向中国昆明的输油管。

史迪威公路的开通和输油管的建成有力地支援了中国抗日战争的胜利。

▲ 史迪威将军在作战地图前。缅甸之战对中国始终是一场交通战。1942年9月,美国的空运力量仍然相当有限,大批援华物资积压在印度,无法运往中国。为执行美国对中国抗战的政策,保障援华物资运往中国,史迪威将军率领成千上万的工兵和民工,冒着日军的炮火打通中印公路。

档案来源:约翰·伊斯特布鲁克(John Easterbrook)

▲ 史迪威决定修筑印缅边境的中印公路段。由于英方坚持,拟定中的公路线只能从利多(Ledo)向东延伸,翻越位于印缅交界处遍布崎岖绝径的那加山区(Naga Hill,"野人山"),进入胡康河谷(Hukawng Valley)的新平洋(Shingbwiyang),南折至孟拱(Mogaung)、密支那(Myitkyina)、八莫(Bhamo),在芒友(Mongyu)与中国境内旧滇缅公路衔接,经宛町(Wanting)、龙陵、保山、下关、楚雄等至昆明,全长1079英里(1737公里)。图为筑路的关键地区利多至新平洋段利多公路(Ledo Road)工程队驻地。(1943年)

档案来源:美国斯坦福大学胡佛研究所档案馆(Paul L. Jones 2-6 Envelope D)

▲ 从1943年3—10月，第114团官兵在极其恶劣的环境中，经过8个月，抵抗了疟蚊、蚂蟥和敌人的袭击，终于赶走日军，开出一条路基，完成了掩护工兵和开山筑路的艰巨任务。在他们身后，一条公路穿过丛林，一直通到胡康河谷（Hukawng Valley），创造了军事史和公路修筑史上的奇迹。图为胡康河谷地带史迪威公路桥梁建设。（1943年）
美陆军Paul L. Jones少校拍摄
　档案来源：美国斯坦福大学胡佛研究所档案馆（Paul L. Jones 2-6 Envelope D）

▲ 尼泊尔搬运工人坐在旁撒山口(Pangsau Pass)路边上,一边等着运输,一边观望利多公路(Ledo Road)上的交通情况,他们在利多公路最前方搬运汽油及其他物质。每天有400个搬运工承担搬运2000加仑汽油和物资至推土机及临时燃料库。利多公路从印度阿萨姆利多(Ledo, Assam, India)蜿蜒穿过帕凯(Patkai)山脉。(1943年11月)
美军通信兵照片(编号:CBI-XX-20046)
四等技术兵Palinkas拍摄
美陆军部公共信息部发布
档案来源:美国国家档案馆(CBI Photos\RG 111-SC\Box 514\274221-274260 3718)

▲ 随时警惕着。50式高射机枪架设在缅甸边界41英里标记处旁撒山口（Pangsau Pass），守卫着蜿蜒穿过帕凯（Patkai）山脉的利多公路（Ledo Road），来自阿肯色州斯特朗（Strong, AR）的二等兵约翰·格森（John Gatson）和来自纽约市（NYC）的二等兵亚瑟·汤普森（Arthur Thompson）坐在掩体内。他们都是第849航空工程队的战士，航空工程各连队分别负责利多公路各段的维护和修筑航空安全工程。（1943年11月）

美军通信兵照片（编号：CBI-XX-20051）

四等技术兵 Palinkas 拍摄

美陆军部公共信息部发布

档案来源：美国国家档案馆（CBI Photos\RG 111-SC\Box 514\274221-274260 3718\SC-274238）

▲ 从缅甸境内鸟瞰缅甸边界41英里标记处的旁撒山口(Pangsau Pass)，山脉的高度为4000英尺，是修筑利多公路(Ledo Road)的最大障碍，也被认为是印度和缅甸的分界线。(1943年11月)
美军通信兵照片(编号：CBI-XX-20097)
四等技术兵Palinkas拍摄
美陆军部公共信息部发布
档案来源：美国国家档案馆(CBI Photos\RG 111-SC\Box 514\274221-274260 3718\SC-274239)

▲ 鸟瞰印度利多公路（Ledo Road）30英里标记处，前方是旁撒山口（Pangsau Pass）和缅甸。（1943年11月）
美军通信兵照片（编号：CBI-XX-20059）
四等技术兵Palinkas拍摄
美陆军部公共信息部发布
档案来源：美国国家档案馆（CBI Photos\RG 111-SC\Box 514\274221-274260 3718）

▲ 鸟瞰利多公路(Ledo Road)约20英里处的中国军队营地。(1943年11月)
美军通信兵照片(编号:CBI-XX-20070)
四等技术兵Palinkas拍摄
美陆军部公共信息部发布
档案来源:美国国家档案馆(CBI Photos\RG 111-SC\Box 514\274221-274260 3718\SC-274243)

▲ 鸟瞰位于印度阿萨姆(Assam, India)利多公路(Ledo Road)7英里标记处的附属作战司令部的第71联络中队营地。(1943年11月)
美军通信兵照片(编号:CBI-XX-20092)
四等技术兵Palinkas拍摄
美陆军部公共信息部发布
档案来源:美国国家档案馆(CBI Photos\RG 111-SC\Box 514\274221-274260 3718\SC-274232)

▲ 中国新编第22师汽车队在蜿蜒曲折的缅甸利多公路(Ledo Road)上穿过丛林。车队为筑路的推土机运送汽油。在干燥的天气,路上灰尘弥漫,而在雨季,道路泥泞难行。(1943年11月)
美军通信兵照片(编号:CBI-XX-20095)
四等技术兵Palinkas拍摄
美陆军部公共信息部发布
档案来源:美国国家档案馆(CBI Photos\RG 111-SC\Box 514\274221-274260 3718)

▲ 桥下的吉普车显示筑桥的障碍已经相对清除,该照片为Y部队司令部工程官员多森(Dawson)中校为了解工程情况而拍。(1943年12月20日)
美军通信兵照片(编号:CBI-43-208)
第164摄影连五等技术兵John B. Hendrick拍摄
美陆军部公共关系部发布
档案来源:美国国家档案馆(CBI Photos\RG 111-SC\Box 358\SC-230657)

▲ 蜿蜒曲折长长延伸的缅甸公路。图为缅甸公路所经过的山头,该照片为Y部队司令部工程官员多森(Dawson)中校为了解工程情况而拍。(1943年12月22日)
美军通信兵照片(编号:CBI-43-259)
第164摄影连五等技术兵John B. Hendrick拍摄
美陆军部公共关系部发布
档案来源:美国国家档案馆(CBI Photos\RG 111-SC\Box 358\SC-230579)

▲ 来自德克萨斯州汉特塞维尔（Huntsville, TX）的第900航空工程队中士乔·瓦尔克（Joe Walker）正跨过布鲁克林桥（Brooklyn Bridge）。(1943年12月27日)
美军通信兵照片（编号：CBI-XX-20210）
三等技术兵Grigg拍摄
美陆军部公共信息部发布
档案来源：美国国家档案馆（CBI Photos\RG 111-SC\Box 514\274221-274260 3718）

▲ 自胡康河谷(Hukawng Valley)往南,经坚布(Khpam)山隘便进入孟拱河(Mogaung River)流域。河谷以加迈(Kamaing)为中心重镇,从沙杜渣(Shadazup)到孟拱,长约110公里,平均宽为10公里。图为第96信号营的战士们将电缆线延伸至孟拱河对岸,以支撑过江到加迈的吉普车。(缅甸,1944年)
美军通信兵照片(编号:CBI-44-22927)
Thomos Fanning 拍摄
美军公共信息部发布
档案来源:美国国家档案馆(CBI Photos\RG 111-SC\Box 488\266901-266940 3535\SC-266926)

▲ 在沿利多公路(Ledo Road)阿萨姆(Assam)某处，美陆军工程人员正在去年修建的单行道桥旁边修筑另一座桥。沿利多公路许多桥都被加宽，以便不断涌入缅甸的车队能顺利通过。(1944年2月)
美军通信兵照片(编号：CBI- XX-3260)
五等技术兵Colgate拍摄
美陆军部公共信息部发布
档案来源：美国国家档案馆(CBI Photos\RG 111-SC\Box 488\267021-267060 3538\SC-267033)

五、打通中印公路　287

▲ 新编第22师的中国工程人员正在缅甸胡康河谷(Hukawng Valley, Burma)的支流上修建一座步行桥。(1944年2月22日)
美军通信兵照片(编号：CBI-XX-20735)
五等技术兵 Clare W. Leipnitz 拍摄
美军公共信息部发布
档案来源：美国国家档案馆（CBI Photos\RG 111-SC\Box 474\263221-263260\SC-263234）

▲ 缅甸公路建设工地上，来自纽约长岛(Long Island, NY)的威廉·弗雷德瑞克(William Frederick)下士检查爆炸后劳工清除石块的情况。(1944年2月)
美军通信兵照片(编号：XX-27426)
Gutmann 拍摄
档案来源：美国斯坦福大学胡佛研究所档案馆(Joseph W. Stilwell\Box 89\III 6-51001-10 A-V)

▲ 中国劳工在操作打桩机，用来维修拉塔洪(La Tas Ho)桥，该桥是通往前线的关键通道。(1944年2月)
美军通信兵照片(编号：XX-27427)
Gutmann 拍摄
档案来源：美国斯坦福大学胡佛研究所档案馆(Joseph W. Stilwell\Box 89\III 6-51001-10 A-V)

▲ 缅甸公路上的骡子队。(1944年2月)
美军通信兵照片(编号:XX-24374)
Gutmann拍摄
档案来源:美国斯坦福大学胡佛研究所档案馆(Joseph W. Stilwell\Box 89\III 6-51001-10 A-V)

▲ 中国西南部滇缅公路附近，战士们在可俯瞰中国一望无际的山谷中的滇缅公路边。从左至右：来自亚利桑那州凤凰城(Phoenix, AR)的五等技术兵乔治·E.史密斯(George E. Smith)与王翻译(T. T. Wang)。(1944年3月)
美军通信兵照片(编号：XX-3706)
五等技术兵Colgate 拍摄
美陆军部公共关系部发布(1944年5月27日)
档案来源：美国国家档案馆(CBI Photos\RG 111-SC\Box 212\189666-189705 1597\189678)

▲ 缅甸公路上的卡车队。(1944年3月)
美军通信兵照片(编号:XX-27430)
Gutmann 拍摄
档案来源:美国斯坦福大学胡佛研究所档案馆(Joseph W. Stilwell\Box 89\III 6-51001-10 A-V)

▲ 公路的修筑伴随着频繁的军事活动，往往是战斗部队与工兵部队同入丛林。工兵部队披荆斩棘在前面开路，军队向前推进，筑路大军紧接着施工。中国驻印军工兵第10团、第12团承担了开路先锋这一最苦、最累，也是最危险的差事，地下布满了地雷，不时遭遇小股日军突袭，随时可能有流血牺牲。图为劳工们用铁锹和篮子修建缅甸段公路。(1944年3月)

美军通信兵照片(编号：XX-27455)

John Gutmann 拍摄

档案来源：美国斯坦福大学胡佛研究所档案馆(Joseph W. Stilwell\Box 89\III 6-51001-10 A-V)

▲ 史迪威将军(左二)乘吉普车在缅北前线视察中,与刘易斯·皮克(Lewis Pick)准将(左一)在路边交谈。在史迪威将军的指挥下,中国部队击退日军至离公路修筑工程仅一箭之遥。皮克准将指挥美国陆军工程人员完成从印度通向缅北的盟军军事要道利多公路(Ledo Road)。修建此公路,必须击退在缅甸的日军。因此,可以说这条供给线是用子弹和建筑设备开辟出来的道路。皮克准将的才干和坚持是滇缅公路成功修筑的一个重要因素。(1944年3月27日)
美军通信兵照片(编号:27657-FA)
出自美国战争信息办公室
档案来源:美国国家档案馆(CBI Photos\RG 111-SC\2008-PU-193 F\With Brig. Gen. Lewis Pick)

五、打通中印公路　295

▲史迪威将军(左二)乘吉普车在缅北前线视察中,与刘易斯·皮克(Lewis Pick)准将(左一)在路边交谈。(1944年3月27日)
美军通信兵照片(编号:27657-FA)
出自美国战争信息办公室
档案来源:美国国家档案馆(CBI Photos\RG 111-SC\2008-PU-193 F\With Brig. Gen. Lewis Pick)

▲ 军需骡子队在缅甸沿曲折的利多公路(Ledo Road)行进。(1944年5月10日)
美军通信兵照片(编号：CBI-44-23702)
R. Reis中尉拍摄
美陆军部公共信息部发布
档案来源：美国国家档案馆(CBI Photos\RG 111-SC\Box 514\274381-274420 3722\SC-274393)

五、打通中印公路

▲ 沿缅甸公路村庄的妇女和儿童们自愿参加清除泥石流的工作。(1944年6月4日)
美军通信兵照片(编号：CBI-44-27985)
第164摄影连一等技术兵G. L. Kocourek拍摄
档案来源：美国斯坦福大学胡佛研究所档案馆(Joseph W. Stilwell\Box 111\NNN 1-51001-10 A-V)

▲ 在利多公路（Ledo Road）缅甸段的建设中，来自公路附近村庄的村民们自愿加入到修筑公路队伍中。(1944年6月4日)
美军通信兵照片（编号：CBI-44-27982）
第164摄影连一等技术兵 G. L. Kocourek 拍摄
档案来源：美国斯坦福大学胡佛研究所档案馆（Joseph W. Stilwell\Box 89\III 6-51001-10 A-V）

▲ 在利多公路(Ledo Road)缅甸段的建设中,工地附近村庄的大人和孩子们自愿帮助修路,使供给物资和设备能够运送到前线。(1944年6月4日)
美军通信兵照片(编号:CBI-44-27983)
第164摄影连一等技术兵G. L. Kocourek拍摄
档案来源:美国斯坦福大学胡佛研究所档案馆(Joseph W. Stilwell\Box 89\III 6-51001-10 A-V)

▲ 1944年雨季，援军行进在泥泞的利多公路(Ledo Road)上。
美军通信兵照片
档案来源：美国国家档案馆（CBI Photos\RG 111-SC\274501-274540 3724）

▲ 在利多公路(Ledo Road)上,驮畜队正排队先后渡过孟拱河(Mogaung River)。渡河前,从动物身上卸下所有包裹,用充气筏送至河对岸,充气筏由第75轻型浮桥工程队制作。(印度,1944年)
美军通信兵照片(编号:CBI-44-23267)
第164摄影连Adams拍摄
美军公共信息部发布
档案来源:美国国家档案馆(CBI Photos\RG 111-SC\Box 488\266901-266940 3535\SC-266934)

▲ 在印度利多公路（Ledo Road）75英里处，两辆吉普车在平底浮船上被运送到南永河（Nam Yung River）对岸，浮船由第504轻型浮船工程连建造。（印度，1944年7月4日）
美军通信兵照片（编号：CBI-44-23029）
第164摄影连Adams拍摄
档案来源：美国国家档案馆（CBI Photos\RG 111-SC\Box 487\266621-266660 3528）

▲ 在马昆交叉路口(Makum Junction)与迪格包艾(Digboi)之间的利多公路(Ledo Road)上，一辆推土机试图修复被大雨损坏的道路时，陷入泥泞，一辆履带轮车正将其拖出泥沼。该任务由第1880航空工程部队A连完成。(印度，1944年7月5日)
美军通信兵照片(编号：CBI-44-23034)
四等技术兵Zimmerman拍摄
美军公共信息部发布
档案来源：美国国家档案馆(CBI Photos\RG 111-SC\Box 488\266901-266940 3535\ SC-266901)

▲ 为修复马昆交叉路口(Makum Junction)与迪格包艾(Digboi)之间被大雨损坏的利多公路(Ledo Road)，第1880航空工程队的人员将木头放在泥沼上，作为道路基础。从左至右：来自宾夕法尼亚州费城(Philadelphia, PA)的T.F.莫索普(T. F. Mossop)下士、来自纽约史泰登岛(Staten Island, NY)的一等兵F.E.约翰森(F. E. Johnson)和来自宾夕法尼亚州匹兹堡(Pittsburgh, PA)的五等技术兵柯林斯(A. Collins)。(印度，1944年7月5日)
美军通信兵照片(编号：CBI-44-23039)
四等技术兵Zimmerman拍摄
美军公共信息部发布
档案来源：美国国家档案馆(CBI Photos\RG 111-SC\Box 488\266901-266940 3535\SC-266901)

▲ 为修复马昆交叉路口(Makum Junction)与迪格包艾(Digboi)之间被大雨冲毁的利多公路(Ledo Road)，第1880航空工程队的人员正在将石块填入坑洼，然后将沙包放在石块上，作为砾石路基。放沙包者为来自威斯康星州苏佩里耳(Superior, WI)的陆军一等兵皮卡克(R. C. Peacock)、来自宾夕法尼亚州匹兹堡(Pittsburgh, PA)的二等兵L.D.劳弗(L. D. Lauver)、来自特拉华州威尔明顿(Wilmington, DE)的陆军一等兵R. M.汉克多恩(R. M. Hackendorn)，来自奥克拉荷马州阿达(Ada, OK.)的J.E.本宁顿(J. E. Pennington)中尉在指导工作。(印度，1944年7月5日)
美军通信兵照片(编号：CBI-44-23040)
四等技术兵Zimmerman拍摄
美军公共信息部发布
档案来源：美国国家档案馆(CBI Photos\RG 111-SC\Box 488\266901-266940 3535\SC-266903)

▲ 重建滇缅公路中，中国工人操作气钻设备。工程由一名滇缅公路工程师指导。(1944年)
美国国家档案馆存(National Archives and Records Administration，网址：http://www.fold3.com/image/1/52542995)
档案来源：美国驻成都总领事馆

▲ 来自纽约布鲁克林(Brooklyn, NY)的第792宪兵连二等兵爱德华·S.葛莱柏维斯基(Ed. S. Grabowski)正在印度马格利塔(Margherita)桥站岗。(1944年7月10日)
美军通信兵照片(编号：CBI-44-23086)
三等技术兵Grigg拍摄
美军公共信息部发布
档案来源：美国国家档案馆(CBI Photos\RG 111-SC\Box 488\266901-266940 3535\SC-266907)

▲ 去往前线的途中，中国士兵经过一辆在楠洋（Nam Yang）和塔家普（Tagap）之间的利多公路（Ledo Road）上作业的第330工程兵团的拖拉机。
美国国家档案馆存（National Archives and Records Administration，网址：http://www.fold3.com/image/1/52545509）
档案来源：美国驻成都总领事馆

▲第71轻型浮桥工程连在缅甸瓦拉渣(Warazup)附近的孟拱河(Mogaung River)修筑浮桥。(1944年7月10日)
美军通信兵照片(编号：CBI-44-23708)
 R. Reis中尉拍摄
美陆军部公共信息部发布
档案来源：美国国家档案馆（CBI Photos\RG 111-SC\Box 514\274381-274420 3722\SC-274398）

▲ 印度利多公路(Ledo Road)上行进的卡车队。(1944年7月16日)
美军通信兵照片(编号:CBI-44-23077)
三等技术兵Grigg拍摄
美军公共信息部发布
档案来源：美国国家档案馆（CBI Photos\RG 111-SC\Box 488\266901-266940 3535\SC-266914)

▲ 来自宾夕法尼亚州斯克兰顿(Scranton, PA)的第502宪兵营下士瓦尔特·康科(Walter Conco)正在帮助第3306司令部卡车连一等兵鲁费斯·约翰森(Rufus Johnson)从卡车上出来,约翰森来自德克萨斯州马歇尔(Marshall, TX)。这辆卡车在印度利多公路(Ledo Road)38英里处滑出泥泞的公路。(1944年7月17日)
美军通信兵照片(编号:CBI-44-23087)
三等技术兵Grigg拍摄
美军公共信息部发布
档案来源:美国国家档案馆(CBI Photos\RG 111-SC\Box 488\266901-266940 3535\SC-266915)

▲ 这辆汽车行驶在弯曲的道路上，该道路环绕位于印度阿萨姆（Assam, India）的高山。（1944年7月18日）
美军通信兵照片（编号：CBI-44-23090）
三等技术兵Grigg拍摄
美军公共信息部发布
档案来源：美国国家档案馆（CBI Photos\RG 111-SC\Box 488\266901-266940 3535\SC-266919）

▲ 来自宾夕法尼亚州切斯特（Chester, PA）的第3308卡车连一等兵查尔斯·珀斯特罗（Charles Postello）在沿利多公路（Ledo Road）行驶通过缅甸塔家普（Tagap, Burma）时观看路牌。（1944年7月18日）
美军通信兵照片（编号：CBI-44-23083）
三等技术兵Grigg拍摄
美军公共信息部发布
档案来源：美国国家档案馆（CBI Photos\RG 111-SC\Box 488\266901-266940 3535\SC-266920）

▲ 在印度利多公路(Ledo Road)上，浮桥的纵桁断了，导致两个浮筒塌陷，拖运履带车和转载人员的卡车掉进达旺河(Towang River)。(1944年7月19日)
美军通信兵照片(编号：CBI-44-23100)
四等技术兵Zimmerman拍摄
美军公共信息部发布
档案来源：美国国家档案馆(CBI Photos\RG 111-SC\Box 488\266901-266940 3535\SC-266923)

▲ 在利多公路(Ledo Road)上，正在对因浮桥纵桁断裂掉进达旺河(Towang River)的卡车进行救援。(1944年7月19日)
美军通信兵照片(编号：CBI-44-23103)
四等技术兵Zimmerman拍摄
美军公共信息部发布
档案来源：美国国家档案馆(CBI Photos\RG 111-SC\Box 488\266901-266940 3535\SC-266924)

▲ 在印度利多公路(Ledo Road)148英里处的堤道上，第330工兵 D 连的3名士兵将桥面铺板钉在纵桁上。(1944年7月19日)
美军通信兵照片(编号:CBI-44-23105)
四等技术兵 Zimmerman 拍摄
美军公共信息部发布
档案来源：美国国家档案馆(CBI Photos\RG 111-SC\Box 488\266901-266940 3535\SC-266925)

▲ 孟拱(Mogaung)附近跨越孟拱河(Mogaung River)的铁路桥桁架式墩身被日军炸毁。(缅甸,1944年7月25日)
美军通信兵照片(编号:CBI-44-23168)
第164摄影连Adams拍摄
美军公共信息部发布
档案来源:美国国家档案馆(CBI Photos\RG 111-SC\Box 488\266901-266940 3535\SC-266935)

▲ 跨越南桂江(Nan-Kwe River)的这座桥上的叠木式支架由密支那(Myitkyina)西南部的第504轻型浮桥工程队建筑,其纵梁在日军占领期间被联军破坏,尚未修复。(缅甸,1944年7月26日)
美军通信兵照片(编号:CBI-44-23171)
第164摄影连Adams拍摄
美军公共信息部发布
档案来源:美国国家档案馆(CBI Photos\RG 111-SC\Box 488\266901-266940 3535\SC-266937)

▲ 这支6×6通用汽车公司出产的卡车车队由第3729军需卡车连驾驶,正通过阿萨姆高哈蒂(Gauhati, Assam)以北20英里处一条山脉。这个隘口由当地印度劳工拓宽。(印度,1944年7月28日)
美军通信兵照片(编号：CBI-44-23213)
第164摄影连二等技术兵D. Kaner拍摄
美军公共信息部发布
档案来源：美国国家档案馆(CBI Photos\RG 111-SC\Box 488\266901-266940 3535\SC-266940)

▲ 第1905航空工程营的战士们在缅甸新平洋（Shingbwiyang）的利多公路（Ledo Road）上操作7立方英尺的石块搅拌器。（1944年8月1日）
美军通信兵照片（编号：CBI-44-23142）
Mathews中尉拍摄
美陆军部公共信息部发布
档案来源：美国国家档案馆（CBI Photos\RG 111-SC\Box 514\274381-274420 3722\SC-274401）

▲ 在处于戒备状态的高射炮前,40毫米炮的炮兵队守卫着中国境内的缅甸公路,同时,也守卫着跨越怒江著名的惠通桥(Hwei Tung Bridge)。(1944年9月11日)
美军通信兵照片
档案来源:美国斯坦福大学胡佛研究所档案馆(Joseph W. Stilwell\Box 106\51001-9.01\4.7\J.W. Stilwell Collection\51001-10\A-V)

▲ 筑路人员在利多公路(Ledo Road)上，两名美国红十字会的姑娘展示利多公路新标志。从左至右：来自马里兰州索尔兹伯里(Salisbury. MD)四等技术兵L.M.戈弗雷(L. M. Goofrey)、来自弗吉尼亚州福尔斯彻奇(Falls Church, VA)的奥德丽·埃德蒙兹(Audrey Edmonds)、来自明尼苏达州玛捷帕(Mazeppa, MN)的唐·纽厄尔(Don Newell)、来自宾夕法尼亚州黎巴嫩山(Mt. Lebanon, PA)的茱蒂·阿斯特(Judie Astie)。

美军通信兵照片（编号：CBI-44-23522）

档案来源：美国国家档案馆(CBI Photos\RG 111-SC\Box 515\274501-274540 3724\ SC-274513)

▲ 前方3号战区物资供应部(SOS)的司令官刘易斯·皮克(Lewis Pick)准将向W.E.R.科维尔(W. E. R. Covell)将军(左)展示利多公路(Ledo Road)的地图。(1944年10月6日)
美军通信兵照片(编号:CBI-44-22703)
出自美驻印陆军部队公共关系部(1948年7月23日)
三等技术兵Grigg拍摄
档案来源:美国国家档案馆(CBI Photos\RG 111-SC\Box 515\274501-274540 3724\SC-274538)

▲ 前方3号战区物资供应部(SOS)的司令官刘易斯·皮克(Lewis Pick)准将与W.E.R.科维尔(W. E. R. Covell)将军在印度利多(Ledo, India)总部前交谈。(1944年10月6日)
美军通信兵照片(编号:CBI-44-22702)
三等技术兵Grigg拍摄
出自美驻印陆军部队公共关系部(1948年7月23日)
档案来源:美国国家档案馆(CBI Photos\RG 111-SC\Box 515\274501-274540 3724\SC-274539)

▲ 中国劳工用自己的打桩机为一座桥梁打桩。这座桥横跨中国腾冲城市西南的一条江上,是连接缅甸和利多公路(Ledo Road)的一部分。(中国昆明,1944年11月28日)
美军通信兵照片(编号:CBI-44-62198)
第164摄影连四等技术兵 S. Greenberg 拍摄
美陆军部公共关系部发布
档案来源:美国国家档案馆(CBI Photos\RG 111-SC\Box 412\245661-245700 3004\SC-245683)

▲ 来自俄亥俄州莱克兰(Lakeland, OH)的罗伯特·F.西德洛克(Robert F. Seedlock)上校,缅甸公路工程师、来自德克萨斯州休斯敦(Houston, TX)的特拉维斯·L.史密斯(Travis L. Smith)上校,缅甸公路中国区监理高级工程师梁先生(V. W. Liang),缅甸公路中国区况(C. C. Kuang)主任,负责中国区的工程师沈先生(L. Y. Shen)视察路基挖掘工作情况。(中国昆明,1944年11月29日)
美军通信兵照片(编号:CBI-44-62226)
第164摄影连四等技术兵 Willard E. Baldwin 拍摄
美陆军部公共关系部发布
档案来源:美国国家档案馆(CBI Photos\RG 111-SC\Box 412\245661-245700 3004\SC 245696)

▲ 缅甸公路视察小组一行降落在腾冲机场跑道。从左至右：缅甸公路中国区秘书邢先生（G. Hsin）、缅甸公路中国区监理工程师梁先生（Y. W. Liang）、缅甸公路中国区况（C. C. Kuang）主任、缅甸公路中国区负责人沈先生（L. Y. Shen）、罗伯特·F.西德洛克（Robert F. Seedlock）中校、来自阿拉巴马州亚历山大城（Alexander City, AL）的亨特·H.汉克斯（Hunter H. Hanks）上尉、来自阿拉巴马州奥维尔市（Orrville, AL）的威廉·T.莫尔（William T. Moore）少校，以及特拉维斯·L.史密斯（Travis L. Smith）少校。（中国昆明，1944年11月29日）
美军通信兵照片（编号：CBI-44-62227）
第164摄影连四等技术兵 Willard E. Baldwin 拍摄
美陆军部公共关系部发布
档案来源：美国国家档案馆（CBI Photos\RG 111-SC\Box 412\245661-245700 3004\SC-245697）

▲ 修筑滇缅公路的工程师正在进行桥梁作业，他们在靠近 K-886 的芒市河（Manshih River）的河面进行桥桩的安设。图中的两艘船是日本撤退时遗留下的平底船。（中国昆明，1944 年 11 月 29 日）
美军通信兵照片（编号：CBI-44-62269）
第 164 摄影连一等技术兵 G. L. Kocourek 拍摄
美陆军部公共关系部发布
档案来源：美国国家档案馆（CBI Photos\RG 111-SC\Box 412\245701-245740 3005\SC-245707）

▲ 公路工程师们探索缅甸丛林，寻找合适地点修建连接缅甸与利多(Ledo)的道路。(中国昆明，1944年12月5日)
美军通信兵照片(编号：CBI-44-62603)
第164摄影连一等技术兵Raymond Lawless拍摄
美陆军部公共关系部发布
档案来源：美国国家档案馆(CBI Photos\RG 111-SC\Box 412\245701-245740 3005\SC-245723)

▲ 拖拉机在丛林中工作，推倒树木的同时压平道路。(中国昆明，1944年12月5日)
美军通信兵照片(编号：CBI-44-62609)
第164摄影连一等兵技术 Raymond Lawless 拍摄
美陆军部公共关系部发布
档案来源：美国国家档案馆(CBI Photos\RG 111-SC\Box 412\245701-245740 3005\SC-245727)

▲ 在古元(Koo Yuan)地区重新修筑的公路上的急转弯。(1944年12月20日)美军通信兵照片(编号:CT-45-20129)
档案来源:美国斯坦福大学胡佛研究所档案馆(Joseph W. Stilwell\Box 111\NNN 1-51001-10 A-V)

▲ 湄公河(Mekong River)上的吊桥。
美军通信兵照片
档案来源：美国斯坦福大学胡佛研究所档案馆(Joseph W. Stilwell\Box 89\HHH 1-51001-10 A-V)

▲ 为尽快加宽和改进公路,测量员正在对道路进行测量。
美军通信兵照片
档案来源:美国斯坦福大学胡佛研究所档案馆(Joseph W. Stilwell\Box 89\HHH 1-51001-10 A-V)

▲ 萨尔温江(Salween River)中国境内，工人们正在修一段滇缅公路。
美军通信兵照片
档案来源：美国斯坦福大学胡佛研究所档案馆(Joseph W. Stilwell\Box 89\HHH 1-51001-10 A-V)

▲ 工兵们正在小心翼翼地清除地雷。他们一手拿刀，一手拿枪，全凭人力，一刀一斧地砍，一镐一镐地刨，一点一点地炸，从那密密匝匝的参天古树密林中撕开一道缝来。图为建设中的滇缅公路。
档案来源：周敏

▲ 缅甸前线桥梁建设。刘易斯·皮克(Lewis Pick)准将手持着他那特别的手杖,正在监督利多(Ledo)至缅甸的公路桥梁建设。由于雨季,桥梁必须建设得很坚实,才能够承受暴雨和泥石流的袭击。这些黑人工程人员在尼泊尔和缅甸部落当地人的帮助下施工,他们创纪录地在短时间内修建了公路和桥梁。
CBI 无线电队照片
美陆军 Paul L. Jones 少校拍摄
档案来源:美国斯坦福大学胡佛研究所档案馆(Paul L. Jones 2-6 Envelope D)

五、打通中印公路

▲ 驻中国物资供应部司令官G.X.切维斯(G. X. Cheves)少将视察腾冲道路,中国劳工停下工作观看。(1945年1月28日)
美军通信兵照片(编号:CT-45-21152)
第164摄影连一等技术兵G. L. Kocourek拍摄
战地检查办公室发布
档案来源:美国国家档案馆(CBI Photos\RG 111-SC\Box 343\226293-226332 2518\SC-226330)

▲ 在缅甸吉(Chi, Burma)附近，G.X.切维斯(G. X. Cheves)少将站在河中间的岩石上，观看半圆形的"猴桥"。(1945年1月)
美军通信兵照片(编号：CT-45-21150)
第164摄影连一等技术兵G. L. Kocourek拍摄
美战地检查办公室发布
档案来源：美国国家档案馆(CBI Photos\RG 111-SC\Box 343\226293-226332 2518\SC-226331)

▲ 工程队在印度丛林某处修建涵洞。因为雨季雨水会冲坏道路,必须在丛林道路上修筑涵洞,这条公路穿过以前从未有人涉足过的大象出没的地方和踏出的小径,连接重要的美军航空基地,以便充分提供跑道和房屋建筑所需的木材石料。
美军通信兵照片
档案来源:美国斯坦福大学胡佛研究所档案馆(Joseph W. Stilwell\Box 106\51001-9.01\Y-7\J.W. Stilwell Collection\51001-10\A-V)

▲ "伙计们,我们一起将这大家伙推上道,否则我们就只有步行走出了。"
档案来源:美国斯坦福大学胡佛研究所档案馆(Joseph W. Stilwell\Box106\51001-9.01\BB.3\J.W. Stilwell Collection\51001-10\A-V)

▲ 刘易斯·皮克(Lewis Pick)准将准备带领第一支中国车队沿中印公路从印度前往中国。(1945年1月23日)
美军通信兵照片(编号：CT-45-21587)
Lester Shores 上尉拍摄
美陆军部公共关系局发布
档案来源：美国国家档案馆(CBI Photos\RG 111-SC\Burma Road\Box 343\SC-226424)

▲ 刘易斯·皮克(Lewis Pick)准将与前往中国的第一支车队,离开缅甸密支那贝沃阿克(Bivouac, Myitkyina, Burma)地区,前往中国。(1945年1月23日)
美军通信兵照片(编号:CT-45-21588)
美陆军部公共关系局发布
档案来源:美国国家档案馆(CBI Photos\RG 111-SC\Box 343\226413-226452 2521)

五、打通中印公路　343

▲刘易斯·皮克(Lewis Pick)准将乘坐军用卡车正跨过密支那(Myitkyina)以南52英里处的路桥。(1945年1月23日)
美军通信兵照片(编号：CT-45-21201)
第164摄影连五等技术兵Milton Koff拍摄
档案来源：美国国家档案馆(CBI Photos\RG 111-SC\Box 343\226293-226332 2518\SC-226324)

▲ 来自纽约州（NY）的美陆军中士格尔纳德·J.瑟利罗（Gernard J. Cellilo）驾驶一辆吉普车随第一支车队前往中国，途中在缅甸八莫（Bhamo, Burma）以北的小村庄向当地妇女买香蕉。(1945年1月23日)
美军通信兵照片（编号：CT-45-21589）
Lester Shores 上尉拍摄
美陆军部公共关系部发布
档案来源：美国国家档案馆（CBI Photos\RG 111-SC\Box 343\226373-226409\SC-226426）

▲ 第一支车队跨过离密支那(Myitkyina)以南22英里处南达贝特(Nam Tabet)桥。
(1945年1月23日)
美军通信兵照片(编号:CBI-45-21198)
第164摄影连五等技术兵Milton Koff拍摄
档案来源:美国国家档案馆(CBI Photos\RG 111-SC\Box 345\226897-226936 2533\SC-226934)

▲ 第一支车队行驶在距离密支那(Myitkyina)以南30英里的密支那至八莫(Bhamo)的公路上。(1945年1月23日)
美军通信兵照片(编号：CBI-45-21199)
第164摄影连五等技术兵 Milton Koff 拍摄
美陆军战地检查办公室发布
档案来源：美国国家档案馆(CBI Photos\RG 111-SC\Box 345\226897-226936 2533\SC-226935)

五、打通中印公路

▲ 史迪威公路开通后行驶的车队。
档案来源：周敏

▲ 1945年1月12日,第1支汽车护送队离开利多(Ledo)沿着新开辟的中印公路向中国开去。第一批共有汽车105辆,其中除满载汽油、军火的大卡车66辆外,其余是拖曳重炮、野炮、山炮、平射炮的武器拖曳车,还有吉普车和救护车。图为公路开通后,通过的第一支车队。(1945年1月27日)

档案来源:周敏

五、打通中印公路　349

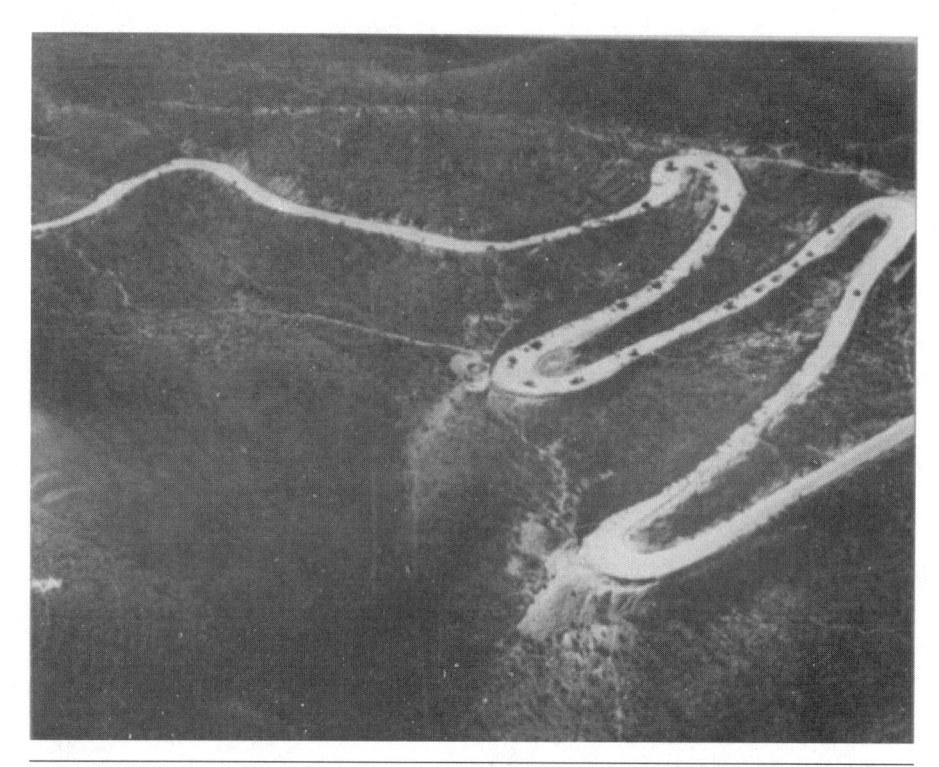

▲ 行驶在新开通的缅甸公路上的第一批运输队的卡车在急转弯上绕行，驶往中国云南昆明。(1945年)
美国国家档案馆存(National Archives and Records Administration，网址：http://www.fold3.com/image/1/52545566)
档案来源：美国驻成都总领事馆

▲ 第一支车队中一辆中国人驾驶的护卫卡车跨过缅甸廖迪（Myothit, Burma）大盈江（Taping River）上的浮桥。(1945年1月28日)
美军通信兵照片（编号：CT-45-21586）
Lester Shores 上尉拍摄。
美国陆军部公共关系部发布
档案来源：美国国家档案馆（CBI Photos\RG 111-SC\Box 343\SC-226423）

▲ 驶往中国的第一批车队中的无线电卡车通过中国芒市(Mangshih)。(1945年1月29日)
美军通信兵照片(编号：CT 45-21321)
五等技术兵V. Dick拍摄
美国陆军部公共关系部发布
档案来源：美国国家档案馆(CBI Photos\RG 111-SC\Box 343\SC-226322)

▲第一支车队沿缅甸公路抵达中国云南龙陵,路两旁是卖柴火的当地人。(1945年1月29日)
美军通信兵照片(编号:CT-45-21325)
五等技术兵V. Dick拍摄
美国陆军部公共关系部发布
档案来源:美国国家档案馆(CBI Photos\RG 111-SC\Box 343\SC-224323)

▲ 第一批车队在新开通的利多(Ledo)至缅甸公路上，穿过萨尔温(Salween)峡谷驶往中国。(1945年1月30日)
美军通信兵照片(编号：CT-45-21330)
美陆军C. F. Schwep中尉拍摄
美陆军部公共关系部发布
档案来源：美国国家档案馆(CBI Photos\RG 111-SC\Box 343\SC-226387)

▲ 第一批车队沿着蜿蜒曲折的萨尔温江(Salween River),在新开通的公路上穿过峡谷,进入中国。(1945年1月30日)
美军通信兵照片(编号:CT-45-21331)
美陆军 C. F. Schwep 中尉拍摄
美国陆军部公共关系部发布
档案来源:美国国家档案馆(CBI Photos\RG 111-SC\Box 343\226373-226412\SC-226388)

五、打通中印公路　355

▲ 1945年2月4日，中国陆军官员检查战斗部队。这些部队由美国训练装备，负责护卫第一支沿史迪威公路开往中国昆明的卡车队。士兵在检查缅甸南坎（Namhkam, Burma）附近的丛林中的临时宿营地，车队在此停滞三天直到日军被清除出道路，车队于2月4日抵达史迪威公路的中国境内。（1945年2月4日）
美军通信兵照片
美陆军John Gutman中士拍摄
美陆军部公共关系部发布
档案来源：美国国家档案馆（CBI Photos\RG 111-SC\Box 343\SC-226354）

▲ 史迪威公路开通后，第一批中国车队在保山附近蜿蜒曲折的公路上驶向昆明。这标志着陆地道路的开通。(1945年2月5日)
美军通信兵照片（编号：CT-45-21518）
美陆军John Gutman中士拍摄
美国信息照片部
美国陆军部公共关系部发布
档案来源：美国国家档案馆（CBI Photos\RG 111-SC\Box 343\226373-226412）

▲ 史迪威公路开通后，第一批中国车队从山上驶向山下的河谷，跨过萨尔温江(Salween River)浮桥。车队于2月4日抵达昆明。(1945年2月6日)
美军通信兵照片
美陆军John Gutman中士拍摄
美国陆军部公共关系部发布
档案来源：美国国家档案馆(CBI Photos\RG 111-SC\Box 343\226413-226452 2518\SC-226422)

▲ 战士在看利多公路(Ledo Road)边的标牌，上面记载着"1945年1月28日利多公路上第一支车队驶过此地"。
美军通信兵照片
档案来源：美国国家档案馆（CBI Photos\RG 111-SC\Box 343\SC-226423）

▲ 此标牌标记出中印之间新建的利多公路(Ledo Road)与旧缅甸公路在开通后的连接点。(1945年1月28日)
美国国家档案馆存(National Archives and Records Administration, http://www.fold3.com/image/1/52545058)
档案来源：美国驻成都总领事馆

▲ 位于印度阿萨姆利多（Ledo, Assam, India）的路标。（1945年）
美军通信兵照片
档案来源：美国国家档案馆（CBI Photos\RG 111-SC\277461-277500 3798\SC-278755）

▲ 中美士兵驾驶的第一批卡车车队驶往中国,当他们抵达中国边界畹町(Wanting)时,他们脸上洋溢着快乐的笑容,这些灰头土脸的驾驶员轮流驾驶,从印度利多(Ledo, India)到中国昆明行驶了1079英里的路程。(1945年2月6日)
美军通信兵照片
美陆军John Gutman中士拍摄
美国陆军部公共关系部发布
档案来源:美国国家档案馆(CBI Photos\RG 111-SC\Box 343\SC-226420)

▲ 史迪威公路开通后,从印度到中国第一批车队进入中国,当地老百姓手持旗子,同部队一起列队欢迎。(1945年2月1日)
美军通信兵照片(编号:CT-45-21360)
五等技术兵V. Dick拍摄
美国陆军部公共关系部发布
档案来源:美国国家档案馆(CBI Photos\RG 111-SC\Box 343\226373-226412\SC-226391)

▲ 第一支车队沿史迪威公路驶入中国昆明时,"老兵"欢迎"新兵",这些作为交通工具使用的马拉车欢迎汽车队的到来。(1945年2月4日)
美军通信兵照片(编号:CT-45-21505)
美陆军一等兵Seymour Israel拍摄
档案来源:美国国家档案馆(CBI Photos\RG 111-SC\Box 695\277461-277500 3798\SC-330613)

▲ 蒋介石和美国大使帕特拉克J.赫尔利(Patrick J. Hurley)在重庆发表广播演说,庆祝中印公路竣工。蒋介石宣布:"我们打破了日军对中国的封锁。为了纪念约瑟夫·史迪威将军的卓越贡献,和在他的领导下盟军以及中国部队在缅甸战役和这条公路的修筑中所发挥的巨大作用,我把这条公路命名为史迪威公路。"(塔奇曼,1994:676)图为第一批车队抵达昆明时,受到昆明市民的热烈欢迎。(1945年2月4日)
美军通信兵照片(编号:CT-45-21510)
第164摄影连五等技术兵 W. E. Shemorry 拍摄
美陆军部公共关系部发布
档案来源:美国国家档案馆(CBI Photos\RG 111-SC\Box 695\SC-330614)

五、打通中印公路　365

▲ 航拍第一支车队沿史迪威公路进入昆明时，人们夹道欢迎的盛况。(1945年2月4日)
美军通信兵照片(编号:CT-45-21499)
第164摄影连四等技术兵S. Greenberg 拍摄
美国陆军部公共信息部发布
档案来源:美国国家档案馆(CBI Photos\RG 111-SC\Box 343\SC-226401)

▲ 首批物资经陆地运达昆明时，受到昆明市民的热烈欢迎。(1945年2月4日)
美军通信兵照片(编号：CT-45-21510)
第164摄影连五等技术兵 W. E. Shemorry 拍摄
美陆军部公共关系部发布
档案来源：美国国家档案馆(CBI Photos\RG 111-SC\Box 343\SC-226402)

▲ 刘易斯·皮克(Lewis Pick)准将第一批运输物资的清单交给云南省主席龙云,龙云则代表中国政府将一面绣有"胜利之路"4个大字的锦旗献给皮克准将。欢迎会后,长长的汽车队沿环城马路绕市区游行一周。夹道欢迎的群众兴高采烈地挥动着标语,举着富兰克林·D.罗斯福(Franklin D. Roosevelt)和蒋介石的画像,有的还举着史迪威的画像。图为史迪威公路通车后车队进入昆明城受到当地民众的欢迎。(1945年2月4日)
美军通信兵照片
档案来源:周敏

▲ 中国儿童欢迎首批物资运抵昆明。(1945年2月4日)
美军通信兵照片
档案来源：周敏

▲ 中国老百姓惊叹地观看105毫米榴弹炮车被美国卡车拖着驶入昆明市区，这是两年来第一批汽车从陆地进入中国。(1945年2月4日)
美军通信兵照片（编号：CT-45-21545）
第164摄影连一等技术兵Raymond Lawless拍摄
美陆军部公共关系部发布
档案来源：美国国家档案馆（CBI Photos\RG 111-SC\Box 343\226413-226452\SC-226414）

▲ 中国民众欢迎经史迪威公路抵达中国昆明的第一批车队。(1945年2月4日)
美军通信兵照片(编号:CT-45-21534)
第164摄影连一等技术兵Raymond Lawless拍摄
美陆军部公共关系部发布
档案来源:美国国家档案馆(CBI Photos\RG 111-SC\Box 343\226373-226412\SC-226410)

五、打通中印公路　371

▲ 中国民众欢迎经史迪威公路抵达昆明的第一批车队。(1945年2月4日)
美军通信兵照片(编号:CT-45-21536)
第164摄影连一等技术兵Raymond Lawless拍摄
美国陆军部公共关系部发布
档案来源:美国国家档案馆(CBI Photos\RG 111-SC\Box 343\226373-226411)

▲ 中国民众欢迎经史迪威公路抵达昆明的第一批车队。(1945年2月4日)
美军通信兵照片(编号:CT-45-21527)
第164摄影连一等技术兵Raymond Lawless拍摄
美陆军部公共关系部发布
档案来源:美国国家档案馆(CBI Photos\RG 111-SC\Box 343\226373-226412\SC-226412)

▲ 印缅战区美军司令部颁发命令，正式确定了"史迪威公路"的命名。印缅战区美军司令丹尼尔·苏尔坦（Daniel Sultan）给史迪威的私人信件中高度赞扬史迪威将军打开通向中国通道的是史迪威将军"不可征服的意志"。图为中国民众欢迎第一支车队抵达昆明。(1945年2月4日)
美军通信兵照片（编号：CT-45-21541）
第164摄影连一等技术兵 Raymond Lawless 拍摄
美陆军部公共关系部发布
档案来源：美国国家档案馆（CBI Photos\RG 111-SC\Box 343\226413-226452\SC-226413）

▲ 第一支车队通过时，史迪威公路建设者，美军准将刘易斯·皮克（Lewis Pick，中，戴帽者）在中国境内工程指挥部向帮助完成公路建设的中国工程人员们致以敬意。（1945年2月6日）
美军通信兵照片（编号：CT-45-21571）
美陆军John Gutman中士拍摄
美陆军部公共关系部发布
档案来源：美国国家档案馆（CBI Photos\RG 111-SC\Box 343\226413-226452\SC-226421）

▲ 中印公路在中美军民的共同合作下，于1945年1月竣工。1月28日，第一批车队抵达中国通往缅甸的大门畹町（Wanting）。宋子文在畹町主持了中印公路通车典礼。（1945年1月28日）
美国通信兵照片（编号：CT-45-21178）
第164摄影连五等技术兵Milton Koff拍摄
美陆军战地检查办公室发布
档案来源：美国国家档案馆（CBI Photos\RG 111-SC\Box 343\SC-226325）

▲ 宋子文在中国畹町（Wanting）剪彩后，第一辆吉普车通过公路。(1945年1月)
美军通信兵照片（编号：CT-45-21229）
第164摄影连一等技术兵G. L. Kocourek拍摄
出自美陆军部公共关系部
档案来源：美国国家档案馆（CBI Photos\RG 111-SC\Box 343\SC-226299）

▲ 美国陆军丹尼尔·苏尔坦(Daniel Sultan)中将在中国第一支车队从印度经利多公路(Ledo Road)抵达中国畹町(Wanting)时的庆祝仪式上讲话。(1945年1月26日)
美军通信兵照片(编号:CT-45-21227)
第164摄影连一等技术兵G. L. Kocourek拍摄
美陆军战地检查办公室发布
档案来源:美国国家档案馆(CBI Photos\RG 111-SC\Box 343\226253-226532)

▲ 印缅战区指挥官丹尼尔·苏尔坦(Daniel Sultan)中将在缅甸利多公路(Ledo Road)通车仪式上讲话,站在苏尔坦后面的是陈纳德(Claire L. Chennault)少将(右)与霍华德·C.戴维森(Howard C. Davidson)少将(左)。(1945年1月26日)
美国国家档案馆存(National Archives and Records Administration,网址:http://www.fold3.com/image/1/52545359)

档案来源:美国驻成都总领事馆

▲ 第一支汽车队由陆地从印度到中国,抵达昆明。图为中印公路(史迪威公路)开通的当晚举行的庆祝会上,G.X.切维斯(G. X. Cheves)准将与何应钦将军在庆祝会上交谈。(1945年2月4日)
美军通信兵照片(编号:CT-45-21551)
美陆军Thomas F. Malvin拍摄
美陆军战地检查办公室发布
档案来源:美国国家档案馆(CBI Photos\RG 111-SC\Box 343 Road\226413-226452\ SC-226415)

▲ 云南省省长龙云祝贺刘易斯·皮克(Lewis Pick)准将完成利多公路(Ledo Road)的修建。利多公路是连接滇缅的公路,打开了印度通往中国的陆上通道。(1945年2月4日)
美军通信兵照片(编号:CT-45-21557)
美陆军一等兵Seymour Israel拍摄
美陆军战地检查办公室发布
档案来源:美国国家档案馆(CBI Photos\RG 111-SC\Box 343\226413-226452\SC-226419)

▲ 负责中国战区物资供给的G.X.切维斯(G. X. Cheves)准将与利多公路(Ledo Road)的建设者刘易斯·皮克(Lewis Pick)准将在为从印度到中国的第一支车队的人员举行的晚会上交谈。(1945年2月4日)
美军通信兵照片(编号：CT-45-21556)
美陆军一等兵Seymour Israel拍摄
美陆军战地检查办公室发布
档案来源：美国国家档案馆(CBI Photos\RG 111-SC\Box 343\226413-226452\SC-226418)

▲ 在从印度到中国的首批车队进入昆明剪彩仪式上，丽丽·珀恩斯(Lily Pons)与丈夫安德烈·科斯特纳(Andre Kostelanetz)同刘易斯·皮克(Lewis Pick)准将站在彩带前。(1945年2月4日)
美军通信兵照片
美陆军战地检查办公室发布
档案来源：美国国家档案馆(CBI Photos\RG 111-SC\Box 343\226373-226412\SC-226399)

五、打通中印公路　383

▲ 史迪威公路开通后,在公路工程指挥部举行的庆祝仪式上,第一批车队的一名美军驾驶员将驾驶员们签名的光荣榜展示给中国小孩看。随后,光荣榜颁发给中国道路建设者。车队于1945年2月5日抵达昆明,标志着中国陆地封锁的结束。(1945年2月5日)
美军通信兵照片(编号:CT-45-21533)
美陆军John Gutman中士拍摄
美陆军部公共关系部发布
档案来源:美国国家档案馆(CBI Photos\RG 111-SC\Box 343\226373-226409)

▲ 木姐（Muse）附近的史迪威公路上最后的路障被清除后，驻缅甸的中国部队与中国远征军总司令卫立煌将军向中国部队祝贺。后排从左至右：英国第36师菲斯汀（Festing）少将、美国陆空军第十航空队司令霍尔德·C.戴维森（Howard C. Davidson）少将、中国远征军副司令黄志翔。(1945年2月5日)
美军通信兵照片（编号：CT-45-21515）
美陆军John Gutman中士拍摄
美战地检查办公室发布
档案来源：美国国家档案馆(CBI Photos\RG 111-SC\Box 343\226373-226412\SC-226403)

▲ 史迪威公路开通，中美人员在公路开通典礼上合影留念。(1945年2月5日)
美军通信兵照片(编号：CT-45-21135)
第164摄影连四等技术兵 Warren A. Boecklen 拍摄
美国陆军部公共关系部发布
档案来源：美国国家档案馆(CBI Photos\RG 111-SC\Box 343\SC-226332)

▲ 史迪威公路开通，中美人员在开通典礼上摄影留念。（1945年2月5日）
美军通信兵照片（编号：CT-45-21527）
第164摄影连四等技术兵 Warren A. Boecklen 拍摄
美国陆军部公共关系部发布
档案来源：美国国家档案馆（CBI Photos\RG 111-SC\Box 343\SC-226407）

▲ 在印度阿萨姆(Assam,India)，谢尔曼(Sherman)坦克卸载后沿史迪威公路进入中国。(1945年2月11日)
美军通信兵照片(编号:IBT-45-10253)
美陆军部公共关系部发布
档案来源:美国国家档案馆(CBI Photos\RG 111-SC\Box 453\SC-257312)

▲ 谢尔曼(Sherman)坦克队,在印度阿萨姆利多(Ledo, Assam, India)卸载后,将沿史迪威公路进入中国。(1945年2月11日)
美军通信兵照片(编号:IBT-45-10252)
第164摄影连拍摄
美陆军部公共关系部发布
档案来源:美国国家档案馆(CBI Photos\RG 111-SC\Box 453\257101-257380 3295\SC-257311)

▲ 1945年2月24日，中国人驾驶的第一批临时坦克队沿史迪威公路驶往缅北的腊戍(Lashio)。(1945年2月24日)
美军通信兵照片(编号：IBT-45-81466)
三等技术兵 F. W. Shearer 拍摄
美国陆军部公共信息部发布
档案来源：美国国家档案馆(CBI Photos\RG 111-SC\506 Box\271941-271980 3661\SC-271945)

▲ 1945年2月24日，中国人驾驶的第一批临时坦克队沿史迪威公路前往缅甸以北32英里的腊戌(Lashio)。(1945年2月24日)
美军通信兵照片(编号：IBT-45-81461)
三等技术兵 F. W. Shearer 拍摄
美国陆军部公共信息部发布
档案来源：美国国家档案馆(CBI Photos\RG 111-SC\Box 506\271941-271980 3661\SC-271946)

▲ 战士们在缅甸昔卜（Hsipaw, Burma）看路标，上面标记着"距曼德勒（Mandalay）129英里，距腊戌（Lashio）45英里"。（1945年3月21日）
美军通信兵照片（编号：CBI-45-82080）
美陆军一等兵Louis W. Raczkowski拍摄
出自美驻印陆军部队公共关系部（1949年2月25日）
档案来源：美国国家档案馆（CBI Photos\RG 111-SC\Box 525\277461-277500 3798/SC-277493）

▲ 缅甸境内史迪威公路上，由于泥石流导致道路堵塞，铲泥车清除障碍后，一辆榴弹炮车得以通过。(1945年5月30日)
美军通信兵照片(编号：IBT-45-1629)
美陆军 A. Rothstein 中尉拍摄
美陆军公共关系部发布(1946年8月27日)
档案来源：美国国家档案馆(CBI Photos\RG 111-SC\Box 431\250981-251020 3137\SC-251009)

▲ 一辆榴弹炮车从印度到缅甸，沿史迪威公路通过缅甸旁撒关口（Pangsau Pass）。（1945年5月30日）
美军通信兵照片（编号：IBT-45-1627）
美陆军A. Rothstein中尉拍摄
美陆军公共关系部发布（1946年8月27日）
档案来源：美国国家档案馆（CBI Photos\RG 111-SC\Box 431\250981-251020 3137\SC-251008）

▲ 一辆榴弹炮车在缅甸境内史迪威公路上行驶，通过泥泞的道路，一路上坡到达地狱之门旁撒关口（Pangsau Pass）。(1945年5月30日)
美军通信兵照片（编号：IBT-45-1625）
美陆军A. Rothstein中尉拍摄
美陆军公共关系部发布（1946年8月27日）
档案来源：美国国家档案馆（CBI Photos\RG 111-SC\Box 431\250981-251020 3137\SC-251006）

▲ 缅甸腊戍（Lashio, Burma），一辆卡车拖着155毫米口径的榴弹炮穿过泥泞道路。
美国国家档案馆存（National Archives and Records Administration）
档案来源：美国驻成都总领事馆

▲ 印度史迪威公路上，一辆榴弹炮车行驶连续七英里的上坡路是通往旁撒关口(Pangsau Pass)最危险的路段，卡车和拖车滑出泥泞的道路，驾驶员站在路边观看。(1945年5月31日)
美军通信兵照片(编号：IBT-45-1626)
美陆军A. Rothstein中尉拍摄
美陆军公共关系部发布(1946年8月27日)
档案来源：美国国家档案馆(CBI Photos\RG 111-SC\Box 431\250981-251020 3137\SC-251007)

▲ 印度史迪威公路上，一辆榴弹炮车连续行驶的七英里上坡是通向旁撒关口(Pang-sau Pass)最危险的路段，卡车和拖车在泥泞的道路上行驶。(1945年5月31日)
美军通信兵照片(编号：IBT-45-1626)
美陆军A. Rothstein中尉拍摄
美陆军公共关系部发布(1946年8月27日)
档案来源：美国国家档案馆(CBI Photos\RG 111-SC\Box 431\250981-251020 3137\SC-251009)

▲ 一辆榴弹炮车通过缅甸八莫（Bhamo, Burma）丛林弯曲狭窄的公路。(1945年6月2日)
美军通信兵照片(编号：IBT-45-1636)
美陆军A. Rothstein中尉拍摄
美陆军公共关系部发布(1946年8月27日)
档案来源：美国国家档案馆(CBI Photos\RG 111-SC\Box 431\250981-251020 3137\SC-251012)

▲ 一辆榴弹炮车驶过史迪威公路旁的畹町(Wanting)山谷的稻田，中国农民正在田里劳作。(1945年6月3日)
美军通信兵照片(编号：IBT-45-1642)
美陆军A. Rothstein中尉拍摄
美陆军公共关系部发布(1946年8月27日)
档案来源：美国国家档案馆(CBI Photos\RG 111-SC\Box 431\250981-251020 3137\SC-251014)

▲ 一辆榴弹炮车沿史迪威公路经过畹町（Wanting）驶入中国边境。路边标牌上清楚标明"由于桥梁危险，滇缅路上的汽车载重不得超过10吨"。(1945年6月3日)
美军通信兵照片（编号：IBT-45-1640）
美陆军A. Rothstein中尉拍摄
美陆军公共关系部发布（1946年8月27日）
档案来源：美国国家档案馆（CBI Photos\RG 111-SC\Box 431\250981-251020 3137\SC-251013）

五、打通中印公路　401

▲ 在中国境内，一辆拖着榴弹炮的卡车在托帕(Toppa)与萨尔温江(Salween River)之间稻田覆盖的山上，沿蜿蜒曲折的史迪威公路行驶。(1945年6月4日)
美军通信兵照片(编号：IBT-45-1645)
美陆军A. Rothstein中尉拍摄
美陆军公共关系部发布(1946年8月27日)
档案来源：美国国家档案馆(CBI Photos\RG 111-SC\Box 431\250981-251020 3137\SC-251015)

▲ 在中国境内史迪威公路上，一辆卡车与榴弹炮车通过萨尔温江（Salween River）上的惠通桥。(1945年6月4日)
美军通信兵照片(编号：IBT-45-1646)
美陆军A. Rothstein中尉拍摄
美陆军公共关系部发布(1946年8月27日)
档案来源：美国国家档案馆（CBI Photos\RG 111-SC\Box 431\250981-251020 3137\SC-251016）

▲ 中国境内萨尔温江（Salween River）上的桥在卡车和榴弹炮车的负重下凹陷。（1945年6月4日）
美军通信兵照片（编号：IBT-45-1647）
美陆军A. Rothstein中尉拍摄
美陆军公共关系部发布（1946年8月27日）
档案来源：美国国家档案馆 CBI Photos\RG 111-SC\Box 431\250981-251020 3137\SC-251017）

▲ 车队离开中国保山控制站。(1945年6月5日)
美军通信兵照片(编号：IBT-45-1649)
美陆军A. Rothstein中尉拍摄
美陆军公共关系部发布(1946年8月27日)
档案来源：美国国家档案馆(CBI Photos\RG 111-SC\Box 431\250981-251020 3137\SC-251018)

▲ 沿着史迪威公路,一辆榴弹炮车经过中国保山的村庄。(1945年6月5日)
美军通信兵照片(编号:IBT-45-1650)
美陆军A. Rothstein中尉拍摄
美陆军公共关系部发布(1946年8月27日)
档案来源:美国国家档案馆(CBI Photos\RG 111-SC\Box 431\250981-251020 3137\SC-251019)

▲ 在中国境内下关，一辆榴弹炮车正沿史迪威公路行驶，中国士兵和老百姓好奇地观看泥土覆盖的车身。背后的壁画上是抗击日寇的中国士兵。(1945年6月6日)
美军通信兵照片(编号：IBT-45-1653)
美陆军A. Rothstein中尉拍摄
美陆军公共关系部发布(1946年8月27日)
档案来源：美国国家档案馆(CBI Photos\RG 111-SC\Box 431\250981-251020 3137\SC-251020)

▲ 在试图清除史迪威公路缅北46英里处的泥石流时,这辆推土机陷入烂泥中,两辆推土机正将其拉出。(1945年7月5日)
美军通信兵照片(编号:IBT-45-1836)
第164摄影连五等技术兵Milton Koff拍摄
档案来源:美国国家档案馆(CBI Photos\RG 111-SC\Box 431\251021-251060 3138\SC-251044)

▲ 缅北史迪威公路189英里处的孟拱河（Mogaung River）上的活动便桥被上涨的河水冲掉。图片中间能见到留下的残迹，背景是正在使用的浮桥。（1945年7月6日）
美军通信兵照片（编号：IBT-45-1830）
第164摄影连五等技术兵Milton Koff拍摄
档案来源：美国国家档案馆（CBI Photos\RG 111-SC\Box 431\251021-251060 3138\SC-251041）

▲ 缅北史迪威公路瓦拉渣(Warazup)以南180英里处的孟拱河(Mogaung River)上的木桥被上涨的河水冲垮，1327工程营E连用一天半的时间设立活动便桥替代木桥垮掉部分。(1945年7月7日)
美军通信兵照片(编号：IBT-45-1834)
第164摄影连五等技术兵Milton Koff拍摄
档案来源：美国国家档案馆(CBI Photos\RG 111-SC\Box 431\251021-251060 3138\SC-251042)

▲ 1945年6月22日，缅北史迪威公路间布本（Jambu Bum）河上的木桥开始下沉。6月25日，河水上涨了5英尺，不过桥没有被冲垮，汽车仍能通过。这座桥最初由中国工程部队建筑，现由1327工程营D连承建。在建筑大桥过程中，所有汽车在河下游改道通行。(1945年7月7日)
美军通信兵照片（编号：IBT-45-1844）
第164摄影连五等技术兵Milton Koff拍摄
档案来源：美国国家档案馆（CBI Photos\RG 111-SC\Box 431\251021-251060 3138\SC-251045）

▲ 工兵们正在修复间布本(Jambu Bum)河上下沉的木桥。(1945年7月7日)
美军通信兵照片(编号：IBT-45-1846)
第164摄影连五等技术兵Milton Koff拍摄
档案来源：美国国家档案馆(CBI Photos\RG 111-SC\Box 431\251021-251060 3138\SC-251046)

▲ 在缅甸密支那(Myitkyina, Burma)以南13英里第314军需大队附近，来自田纳西州梅迪森(Madison, TN)的第624宪兵连詹姆斯·赫里斯(James Heness)下士正指挥前往中国的314号车队进入正确的停车位。(1945年7月21日)
美军通信兵照片（编号：IBT-45-12895）
第164摄影连Adams拍摄
美军公共关系部发布
档案来源：美国国家档案馆（CBI Photos\RG 111-SC\Box 530\278781-278820 3831\SC-278781）

▲ 史迪威公路跨越伊洛瓦底江（Irrawaddy River）的桥。图为第624宪兵连控制站。
（1945年7月21日）
美军通信兵照片（编号：IBT-45-12897）
第164摄影连 Adams 拍摄
美军公共关系部发布
档案来源：美国国家档案馆（CBI Photos\RG 111-SC\Box 530\278781-278820 3831\SC-278783）

▲ 史迪威公路上伊洛瓦底江（Irrawaddy River）桥对岸部队被堵塞，来自肯塔基州斯特尔林山（Mt. Sterling, KY）的第624宪兵连二等兵吉姆·B.罗伯特森（Jim B. Robertson）在大桥北岸指挥交通。（1945年7月21日）
美军通信兵照片（编号：IBT-45-12896）
第164摄影连Adams拍摄
美军公共关系部发布
档案来源：美国国家档案馆（CBI Photos\RG 111-SC\Box 530\278781-278820 3831\ SC-278782）

▲ 缅甸境内史迪威公路412英里处，一辆吉普车陷入泥地，第209工程团A连的一辆推土机将吉普车拖出。(1945年7月21日)
美军通信兵照片(编号：IBT-45-12755)
四等技术兵Zimmerman拍摄
美军公共关系部发布
档案来源：美国国家档案馆(CBI Photos\RG 111-SC\Box 530\278781-278820 3831\SC-278786)

▲ 将缅甸境内史迪威公路422英里处采石场运来的石块填入413英里处的泥地。尽管下雨，工作亦未停止。第209工程团A连的人员正指导印度志愿者工作。(1945年7月21日)
美军通信兵照片（编号：IBT-45-12753）
四等技术兵Zimmerman拍摄
美军公共关系部发布
档案来源：美国国家档案馆（CBI Photos\RG 111-SC\Box 530\278781-278820 3831\SC-278785）

五、打通中印公路　417

▲ 在缅甸苏泽村（Suzet Village），阿塔·辛格（Attar Singh）将有价值的情报告诉来自阿拉巴马州甘特斯维尔（Guntersville, AL）的第624宪兵连的威尔玛·瓦尔斯（Welmer Walls）中士和第175宪兵汽车排的克利福德·马克格里格（Clifford McGregor）中士。（1945年7月22日）
美军通信兵照片（编号：IBT-45-12887）
第164摄影连Adams拍摄
美军公共关系部发布
档案来源：美国国家档案馆（CBI Photos\RG 111-SC\Box 530\278781-278820 3831\SC-278789）

▲ 一支满载军用物资驶向中国的车队在缅甸境内史迪威公路48英里标记处艰难地通过被水淹没的地段。(1945年7月25日)
美军通信兵照片(编号:IBT-45-12859)
Wolf拍摄
美军公共关系部发布
档案来源:美国国家档案馆(CBI Photos\RG 111-SC\Box 530\278781-278820 3831\SC-278806)

▲ 在缅甸史迪威公路97英里标记处，一支满载为中国部队提供的军用物资的车队艰难驶过泥泞的道路前往中国，印度与美国陆军工程人员正用石块和沙砾坚固道路。（1945年7月27日）
美军通信兵照片（编号：IBT-45-12853）
Wolf拍摄
美军公共关系部发布
档案来源：美国国家档案馆（CBI Photos\RG 111-SC\Box 530\278781-278820 3831\SC-278812）

▲ 在缅甸史迪威公路98英里处，满载为中国部队提供的军用物资的车队转弯驶下瓦山（Shingle Hill）蜿蜒曲折的6英里山路，往中国驶去。（1945年7月28日）
美军通信兵照片（编号：IBT-45-12862）
Wolf 拍摄
美军公共关系部发布
档案来源：美国国家档案馆（CBI Photos\RG 111-SC\Box 530\278781-278820 3831\SC-278813）

五、打通中印公路　421

▲一支满载为中国部队提供的军用物资的车队行驶通过缅甸新平洋（Shingbwiyang）中国控制站军事运输部。(1945年7月29日)
美军通信兵照片(编号：IBT-45-12864)
Wolf拍摄
美军公共关系部发布
档案来源：美国国家档案馆(CBI Photos\RG 111-SC\Box 530\278781-278820 3831\SC-278814)

▲ 缅甸史迪威公路101英里标记处，满载为中国军队提供的军用物资的车队驶过美军墓地的入口处，这里埋葬着修筑史迪威公路和战斗中牺牲的战士。(1945年7月29日)
美军通信兵照片(编号：IBT-45-12861)
Wolf 拍摄
美军公共关系部发布
档案来源：美国国家档案馆(CBI Photos\RG 111-SC\Box 530\278781-278820 3831\SC-278815)

六、开辟"驼峰航线"

1942年5月,日军占领缅甸,切断了中国与外部世界联系的唯一国际通道,抗日战争面临着严峻的考验。为了保证中国抗战的物资供给,中、美、英三国同意在印度和中国之间开辟一条空中航线。新航线北移到地势更高、气候更恶劣的喜马拉雅山区。由于喜马拉雅山脉的巍巍群峰和深壑峡谷,犹如骆驼的峰背,也由于有的山峰太高,飞机只能在其间穿绕而行,飞行路线好似驼峰,故这条航线被称为"驼峰航线"。

"驼峰航线"是一条漫长而艰难的航程,最短距离510英里,最长距离1012英里。航行途经高山雪峰、峡谷冰川、热带丛林,经常遭遇强气流、低气压和冰雹、霜冻等恶劣天气,加之当时有限的航空技术,并还要穿越日军占领区,这使其成为世界航空史上最为艰险的航线。

空运任务由美空运总司令部所属印度—中国联队(ATC、ICW)和中国航空公司(CNAC)承担。空运机群从印度阿萨姆邦不同的机场起飞,向北进入西藏,而后经大小凉山分别飞往中国云南、四川宜宾、泸州、重庆等地机场。当时重庆就有广阳坝机场、白市驿机场、九龙坡机场、珊瑚坝机场,以及位于巴县的大中坝机场、位于铜梁的旧县机场、梁平的梁山机场、秀山的秀山机场。这些机场用作"驼峰航线"运送物资及人员的起降、转运、备降等,为抗日战争期间的空中作战提供了有力的支持。

随着战争的推进,美国在华空军组织体制和面临的作战形势发生了重大变化。"驼峰航线"成为一个庞大的战略空运体系。三年多的时间里,共有

1170多架飞机（主要有C46、C47、C53、DC3等机型）投入使用，修建机场30多处，参与此工程的军队人员达3.5万多人，民工达5万多人，为中国空运了65万吨的军民用物资，同时，为美国的陆空军航空队等在华美军提供了10多万吨物资，维持了中国战场上抗日作战之需。

但此航线的开通也让中美付出了惊人的代价：美国空军在"驼峰航线"上一共损失飞机468架，牺牲和失踪的中美空地勤人员有1500多名。

史迪威将军以其非凡的勇气，在亲率陆军作战、修筑中印公路的同时，指挥了这一著名的空中行动。1943年3月，"驼峰航线"开通16个月后，驼峰飞行的指挥权交给"飞虎队"司令长官陈纳德（Claire L.Chennault）。在极其艰难的条件下，美军的这一战略行动维持了中国与外部世界的空中联系，为中国抗日战争的胜利提供了有效的后勤保障。

1945年8月，日本战败投降，"驼峰航线"于同年的11月15日正式宣布关闭。它是第二次世界大战中持续时间最长、规模最大、飞行条件最艰险的空中运输线，为人类飞行史留下了最悲壮的一页。

▲ 史迪威将军肖像。
档案来源：约翰·伊斯特布鲁克（John Easterbrook）

▲ 史迪威将军与克雷顿·L.毕塞尔（Clayton L. Bissell）将军在位于德里（Delhi, India）的第10航空队司令部。(1943年2月)
Bob Lichty 拍摄
档案来源：约翰·伊斯特布鲁克（John Easterbrook）

六、开辟"驼峰航线"

▲史迪威将军在中国基地对士兵们讲话,将军最近与驻中国的美陆军空军第14航空队司令官陈纳德(Claire L. Chennault)准将返回美国华盛顿与富兰克林·D.罗斯福(Franklin D.Roosevelt)总统及美陆军参谋长乔治·C.马歇尔(George C. Marshall)面谈。(1943年4月)
出自美陆军战争信息办公室
档案来源:美国国家档案馆(Joseph W. Stilwell Photo\208-PU-192 M\Stilwell China)

▲ 附属作战司令部的第71联络中队的飞行线维修组成员在竹林中将轻型联络飞机(L-4)分散开来。机场位于利多公路(Ledo Road)7英里标记处。(1943年11月)
美军通信兵照片(编号：CBI-XX-20006)
四等技术兵Palinkas拍摄
美陆军部公共信息部发布
档案来源：美国国家档案馆(CBI Photos\RG 111-SC\Box 514\274221-274260 3718\SC-274229)

六、开辟"驼峰航线" 429

▲附属作战司令部的第71联络中队的轻型联络飞机(L-4)在利多公路(Ledo Road)7英里标记处沿利多公路着陆跑道起飞。尽管机场在建设中,飞机仍然使用跑道起降。(1943年11月)
美军通信兵照片(编号:CBI-XX-20010)
四等技术兵 Palinkas 拍摄
美陆军部公共信息部发布
档案来源:美国国家档案馆(CBI Photos\RG 111-SC\Box 514\274221-274260 3718\SC-274230)

▲ 利多公路(Ledo Road)约7英里标记处的机场用于附属位于印度阿萨姆(Assam, India)作战司令部的第71联络中队轻型飞机起降。图为飞机着陆跑道。(1943年11月)
美军通信兵照片(编号:CBI-XX-20052)
四等技术兵Palinkas拍摄
美陆军部公共信息部发布
档案来源:美国国家档案馆(CBI Photos\RG 111-SC\Box 514\274221-274260 3718)

六、开辟"驼峰航线"　431

▲ 印度利多（Ledo）附近飞机坠毁，人们用担架将受难者送下山。（1944年1月5日）
美军通信兵照片（编号：CBI-XX-3239）
五等技术兵Colgate拍摄
美陆军部公共信息部发布
档案来源：美国国家档案馆（CBI Photos\RG 111-SC\Box 488\266941-266980 3536\SC-266970）

▲ 飞机在缅甸新平洋（Shingbwiyang, Burma）着陆完成情景。（1943年12月25日）
美军通信兵照片（编号：CBI-XX-20199）
三等技术兵 Grigg 拍摄
美陆军部公共信息部发布
档案来源：美国国家档案馆（CBI Photos\RG 111-SC\Box 514\274221-274260 3718\SC-274256）

六、开辟"驼峰航线"　433

▲ 航空运输物资，第900航空工程部队航空连正在缅甸新平洋（Shingbwiyang, Burma）卸下第一批空运吉普。(1943年12月27日)
美军通信兵照片（编号：CBI-XX-20202）
三等技术兵Grigg拍摄
美陆军部公共信息部发布
档案来源：美国国家档案馆（CBI Photos\RG 111-SC\Box 514\274221-274260 3718\SC-274257）

▲ 飞行员从印度出发飞往缅甸前，第459战斗机队，来自弗吉尼亚(VA)情报官员约翰·莫顿(John Morton)中尉(中)告诉飞行员前往轰炸目标的路线。从左至右：来自华盛顿特区(Washington DC)的乔治·N.史密斯(George N. Smith)中尉、来自加利福尼亚州洛杉矶(Los Angeles, CA)的罗斯科·费尔蒂希(Roscoe Fertig)中尉、来自密西西比州里士满(Richmond, MS)的詹姆斯·G.哈里斯(James G. Harris)中尉以及来自夏威夷(Hawaii)的H.H.西里(H. H. Sealy)中尉，西里中尉将驾驶后面的飞机，他将该机命名为Haleakala，意为"太阳之屋"(House of the Sun)。(印度，1944年2月)
美军通信兵照片(编号：CBI-XX-3311)
Ed. Jankowski下士拍摄
美陆军部公共信息部发布
档案来源：美国国家档案馆(CBI Photos\RG 111-SC\Box 488\267021-267060 3538\SC-267021)

六、开辟"驼峰航线"　　435

▲ 第459战斗机队,来自弗吉尼亚州诺福克(Norfolk, VA)的詹姆斯·L.金(James L. King)坐在飞机机舱里。(印度,1944年2月)
美军通信兵照片(编号:CBI-XX-3357)
Ed. Jankowski下士拍摄
美陆军部公共信息部发布
档案来源:美国国家档案馆(CBI Photos\RG 111-SC\Box 488\267021-267060 3538\SC-267022)

▲ 工作完成后，来自宾夕法尼亚州霍姆斯特德(Homestead, PA)的马丁·F.顿拉普(Martin F. Dunlap)下士与来自宾夕法尼亚州麦基斯珀特(Mckeeseport, PA)的陆军专业人员G.汤普森(G. Thompson)中士在P38机翼下下棋。(1944年2月)
美军通信兵照片(编号: CBI-XX-3317)
Ed. Jankowski下士拍摄
美陆军部公共信息部发布
档案来源：美国国家档案馆(CBI Photos\RG 111-SC\Box 488\267021-267060 3538\SC-267035)

▲ 史迪威将军表扬空运单位人员,强调在缅甸困难地区支援地面战斗部队中,空投物资的重要性。(1944年7月13日)
美军通信兵照片(编号:CBI-44-21337)
第164摄影连四等技术兵 Warren A. Boecklen 摄影
美陆军航空兵中缅印战区司令部167通信兵部队实验室照片处理(8月3日)
美陆军中缅印部队情报部(G-2)检查同意发布
档案来源:约翰·伊斯特布鲁克(John Easterbrook)

▲ 在印度阿萨姆（Assam, India）查布亚机场（Chabua Airfield），第3727卡车连的卡车已准备好装上运输机的货物。（1944年8月4日）
美军通信兵照片（编号：CBI-44-23190）
第164摄影连二等技术兵D. Kaner拍摄
美陆军部公共信息部发布
档案来源：美国国家档案馆（CBI Photos\RG 111-SC\Box 514\274381-274420 3722\SC-274410）

▲ 史迪威将军授予罗伯特·F.塔特（Robert F. Tato）上校杰出服务勋章，罗伯特为中印空运指挥官，在向中国空运人员和物资中功绩卓著。(1944年)
美陆军战争信息部发布(编号：9306-P)
档案来源：美国国家档案馆(Joseph W. Stilwell Photo\208-PU-193D)

▲ 为了减轻油桶重量，增加"驼峰航线"运输能力，瓦特·帕尔马(Walter Palmer)中校和 C.E.埃德蒙兹(C. E. Edmonds)先生在美国铝业公司的支持下，研制了铝制汽油桶，有效地增加了运载量。图为美陆空兵团89战斗机中队的修理厂中，52勤务组正在修理缅甸密支那(Myitkyina, Burma)飞机跑道上受损的轰炸机和战斗机。前面是空汽油桶，部分设备已由C-47货运飞机运往密支那。(1944年9月12日)
美军通信兵照片(编号：CBI-44-16109)
五等技术兵 Tom D. Amer 拍摄
出自美驻印陆军部队公共关系部(1948年7月16日)
美陆军部公共关系部官方发布
档案来源：美国国家档案馆(CBI Photos\RG 111-SC\Box 525\277381-277420 3796\SC-277417)

六、开辟"驼峰航线"

▲第24维修连队的士兵们将车厢的一部分装在载重为2吨的卡车上,利多(Ledo)飞机跑道上这些车厢被装载上前往密支那(Myitkyina)的飞机。由于利多公路(Ledo Road)尚未通至该基地,所以必须空运设备及供应物资。运输一辆载重为2吨的车辆需要两架飞机。(印度阿萨姆,1944年10月4日)
美军通信兵照片(编号:CBI-44-23617)
五等技术兵Clare W. Leipnitz拍摄
出自美驻印陆军部队公共关系部(1948年7月23日)
美陆军部公共关系部官方发布
档案来源:美国国家档案馆(CBI Photos\RG 111-SC\Box 515\274501-274540 3724\SC-274533)

▲ 在授勋仪式上，史迪威将军为来自北卡罗来纳州（NC）的杰克·E.钱皮恩（Jack E. Champion）上尉别上杰出飞行十字勋章。荣获勋章的有（从左至右）：来自密西根州底特律（Detroit, MI）市的埃米特·J.泰森（Emmett J. Theisen）少校、来自内布拉斯加州格兰德岛（Ground Island, NE）的约瑟夫·P.巴巴瑞奇（Joseph P. Barberich）中尉、来自密西根州底特律（Detroit, MI）市的威廉·A.米可拉（William A. Mikkola）中尉、来自俄亥俄州森雅（Xenia, OH）的陆军四等技术兵霍尔德·W.科乙（Howard W. Coy）、来自俄克拉荷马州彭卡市（Ponca City, OK）的陆军特种兵里奥·L.史密斯（Leo L. Smith）中士、来自华盛顿特区（Washington DC）的陆军特种兵克莱德·A.波利斯（Clyde A. Bowles）中士、来自纽约布鲁克林的（Brooklyn, NY）陆军特种兵杰克·R.萨菲尔（Jack R. Safier）中士。这些飞行员及机组人员驾驶没有武装和护航的运输机，在极其危险的情况下，飞越中缅印战区，作出了卓越功绩而获勋章。（1944年10月18日）
美军通信兵照片
Todd 中士拍摄
档案来源：美国国家档案馆（CBI Photos\RG 111-SC\Box 472\262501-262540 3425\SC-230610）

六、开辟"驼峰航线"

▲ 飞行途中,战士们在飞机机舱前面睡觉,机舱后面是运输的马匹。(1944年12月11日)
美军通信兵照片(编号:CBI-44-65884)

档案来源:美国国家档案馆(CBI Photos\RG 111-SC\Box 523\274781-276820 3781\SC-276802)

▲ 在缅甸密支那（Myitkyina, Burma），第776工程油料连的人员正在油桶清洁补修站工作，对油桶进行必需的补修，这些油桶将被运送到中国为机动车供给油料。（1945年7月7日）
美军通信兵照片（编号：IBT-45-1851）
五等技术兵J. White拍摄
美陆军公共关系部发布
档案来源：美国国家档案馆（CBI Photos\RG 111-SC\Box 431\251021-251060 3138\SC-251048）

▲ 在缅甸密支那（Myitkyina, Burma），第776工程油料连来自密苏里州圣路易斯（St. Louis, MO）的陆军一等兵罗伯特·W.法尔茨（Robert W. Fults，左边站在地上者）正注视着来自阿拉斯加州伯明翰（Birmingham, AK）的托马斯·邦德斯（Thomas Bonds）下士和来自密苏里州米兰（Milan, MO）的李·罗登（Lee Rardon）下士从汽车上卸下从转运站运来的空油桶，这些装满汽油的油桶通过"驼峰航线"运送到中国，然后空油桶运回缅甸密支那，将在第776工程油料连油桶补修站进行清洁并补修。(1945年7月7日）
美军通信兵照片（编号：IBT-45-1852）
五等技术兵 J. White 拍摄
美陆军公共关系部发布
档案来源：美国国家档案馆（CBI Photos\RG 111-SC\Box 431\251021-251060 3138\SC-251049）

▲ 在缅甸密支那(Myitkyina, Burma)第776工程油料连的油桶清洁修补站，空汽油桶经清洁焊补后，用卡车送到装桶密封车间，装桶密封车间将这些油桶重新注满汽油，空运到中国，供中国机动车使用。图中第776工程油料连的指挥官监督印度工程部队人员装载油桶上卡车。(1945年7月7日)
美军通信兵照片(编号：IBT-45-1854)
五等技术兵 J. White 拍摄
美陆军公共关系部发布
档案来源：美国国家档案馆(CBI Photos\RG 111-SC\Box 431\251021-251060 3138\SC-251050)

六、开辟"驼峰航线"

▲ 在缅甸密支那（Myitkyina, Burma），印度工兵部队人员在油桶上走过。他们从装桶棚内20个油泵抽出汽油灌注进油桶。由第776工程油料连管理的油站每天给1400个油桶灌注辛烷值为80的汽油。这些装满汽油的油桶通过"驼峰航线"送往中国，为中国机动车提供油料。（1945年7月7日）
美军通信兵照片（编号：IBT-45-1856）
五等技术兵J. White拍摄
美陆军公共关系部发布
档案来源：美国国家档案馆（CBI Photos\RG 111-SC\Box 431\251021-251060 3138\SC-251051）

▲ 在缅北密支那(Myitkyina, Burma)，第776工程油料连的装载台和油桶密封操作棚下，该连20个油泵每天装1400个油桶，汽油辛烷值为80。装满汽油的油桶送上飞机，飞越"驼峰航线"，为中国机动车提供油料。(1945年7月7日)
美军通信兵照片(编号：IBT-45-1857)
五等技术兵 J. White 拍摄
美陆军公共关系部发布
档案来源：美国国家档案馆(CBI Photos\RG 111-SC\Box 431\251021-251060 3138\SC-251052)

六、开辟"驼峰航线"　449

▲ 来自纽约布朗克斯(Bronx, NY)的陆军一等兵安东尼·巴泽尼(Anthony Bazzini)属第776工程油料连。图中安东尼·巴泽尼正在告诉印度工兵运送员如何标注辛烷值为80的汽油桶。这些桶装汽油作为机动车油料将飞越"驼峰航线"送到中国。(缅甸密支那,1945年7月7日)
美军通信兵照片(编号:IBT-45-1858)
五等技术兵J. White拍摄
美陆军部公共关系部发布
档案来源:美国国家档案馆(CBI Photos\RG 111-SC\Box 431\251021-251060 3138\SC-251053)

▲ 在缅甸密支那（Myitkyina, Burma），一个个注满汽油的油桶通过"驼峰航线"运送到中国，供给中国机动车用油；随后，空油桶用飞机从中国运回密支那第776工程油料连修理站，进行清洁补修。每天大约有500个油桶被清洁检查是否漏油。（1945年8月7日）
美军通信兵照片（编号：IBT-45-1848）
五等技术兵J. White拍摄
美陆军公共关系部发布
档案来源：美国国家档案馆（CBI Photos\RG 111-SC\Box 431\251021-251060 3138\SC-251047）

▲ 史迪威将军与驻中缅印空军司令克雷顿·L.毕塞尔(Clayton L. Bissell)少将在印度一秘密基地交谈。
出自美陆军战争信息办公室(编号:6100-OF)
档案来源:美国国家档案馆(Joseph W. Stilwell Photo\208-PU-193H)

▲ 史迪威将军与驻中缅印空军司令克雷顿·L.毕塞尔(Clayton L. Bissell)少将在印度。
出自美陆军战争信息办公室(编号：6100-OF)
档案来源：美国国家档案馆(Joseph W. Stilwell Photo\208-PU-193H)

六、开辟"驼峰航线" 453

▲ 飞机工程师填补了飞机上的高射炮弹孔,替换上脱落的起落架。在维修保养中心,工程师们昼夜不停地工作,更换零件、修理保养、调试,目标一致地将这架巨型轰炸机送上天空。图为美军空军地勤人员返回基地之后,一架波音B-29轰炸机再次腾空而起。这群开心的地勤人员从停机坪走过来,对自己的工作心满意足。从左至右:来自马萨诸塞州(MA)的四等技术兵弗兰西斯·L.达利(Francis L. Daly),来自路易斯安那州(LA)的四等技术兵富兰克林·W.布莱恩(Franklin W. Brian),来自堪萨斯州(KS)的四等技术兵、孪生兄弟劳伦斯·C.华纳(Lawrence C. Werner)和列昂那多·J.华纳(Leonard J. Werner),来自威斯康星州(WI)的四等技术兵乔治·P.科雷恩(George P. Klein),来自俄亥俄州(OH)的四等技术兵尤金·W.菲尔雷(Eugene W. Fiely)。
档案来源:美国国家档案馆

七、中国战区的"飞虎队"

抗日战争初期,中国城乡遭受日机狂轰滥炸,损失惨重。为阻止侵华日军的暴行,夺回制空权,早在1937年春,蒋介石夫妇就邀请美国退役军官陈纳德(Claire L. Chennault)来中国训练空军飞行员。1941年8月,美国总统富兰克林·D.罗斯福(Franklin D. Roosevelt)同意帮助中国组建一支空军部队,称为"中国空军美国志愿航空大队"(AVG),由陈纳德任队长,队员为美国陆、海军的预备役和退役飞行员。8—12月,航空队在暂时远离前线的缅甸同古(Toungoo)机场进行训练。根据战局需要,志愿航空大队以3个中队、数十架飞机的有限兵力承担昆明和仰光(Rangoon)的空防任务,以保卫滇缅公路。太平洋战争爆发后,日军加强了对昆明的轰炸。陈纳德亲自带领两个中队秘密奔赴昆明,首战告捷,以9:1的战绩大胜日军,使饱受日军飞机轰炸之害的昆明市民无不感到扬眉吐气、欢欣鼓舞,当天晚上举行了隆重的庆功会。一位记者在报道中引用了"飞老虎"这一既生动形象又具有东方文化色彩的称号来形容志愿队员的勇敢精神,"飞虎队"由此得名。

1941年12月23日,日军首次空袭仰光,陈纳德奉命率领"飞虎队"协助英军保卫仰光。在缅北,陈纳德面临的形势十分严峻,日军拥有数百架飞机,而"飞虎队"同时能升空作战的飞机从未超过20架,更要命的是作战所需要的飞机零配件也得不到及时的补充。陈纳德指挥三个中队在缅北开展了一场名副其实的空中游击战,几乎所有的胜利都是在力量悬殊得令人难以置信的情况下取得的。

美国对日宣战后，为加强统一指挥，美国航空志愿队解散重组，与派驻中国的第16战斗机中队组成美国空军驻华特遣队，编为美国陆军第10航空队，划归史迪威将军指挥。1943年3月10日，第10航空队改编为美国陆军第14航空队，陈纳德晋升为少将司令，航空队的规模远超当初的"飞虎队"，但人们仍然习惯地称之为"飞虎队"。

从1941年12月18日参战到1945年8月抗战胜利，"飞虎队"共击落日机1200多架，"飞虎队"为保护"驼峰航线"、阻敌怒江、保卫后方、保卫滇缅公路立下丰功，其中多数队员得到中国政府的嘉奖，10多名飞行员获得美、英政府颁发的飞行十字勋章。

近20年，不少幸存的"飞虎队"队员回到中国，不畏艰险寻找飞机残骸和战友遗骨，缅怀用鲜血和生命谱写的中美人民的战斗友谊。

▲ 史迪威将军肖像。
档案来源：约翰·伊斯特布鲁克（John Easterbrook）

七、中国战区的"飞虎队"

▲ 1942年2月28日,在庆功会上,"飞虎队"名誉大队长宋美龄对"飞虎队"队员发表讲话。
档案来源:周敏

▲ 陈纳德（Claire L. Chennault）与蒋介石及夫人宋美龄交谈。
档案来源：周敏

七、中国战区的"飞虎队" 459

▲ 1942年2月下旬一次空战胜利后,第一中队部分最优秀的战斗机飞行员合影。
档案来源:周敏

▲ "飞虎队"第2中队队长杰克·纽柯克(Jack Newkirk)战功卓著,曾击落日机10架。1942年3月24日牺牲后,中、美、英三国人民均表哀悼,蒋介石夫妇向他的姐姐发去了唁电。

档案来源:周敏

七、中国战区的"飞虎队" 461

▲ 史迪威将军与美军官员在一起。从左至右：美国陆航空部队司令亨利·H.阿诺德（Henry H. Arnold）将军、陈纳德（Claire L. Chennault）、史迪威将军、约翰·迪尔爵士（Sir John Dill）、美陆军航空部队克雷顿·L.毕塞尔（Clayton L. Bissell）将军。
档案来源：美国国家档案馆

▲ 美、英官员视察第10航空队机场。从左至右：英国约翰·笛迪尔爵士（Sir John Dill）、陈纳德（Claire L. Chennault）将军、亨利·H.阿诺德（Henry H. Arnold）将军、史迪威将军、克雷顿·L.毕塞尔（Clayton L. Bissell）少将。(1943年1月底—2月初)

档案来源：美国国家档案馆

▲ 1942年10月28日第11轰炸机队的B-25C轰炸机轰炸香港，冒烟处为被炸的日本海军仓库。
档案来源：周敏

▲ 一声令下，美军航空队的飞行员奔向飞机，执行轰炸日军据点的任务。（1942年11月30日）

档案来源：美国国家档案馆

七、中国战区的"飞虎队" 465

▲ 1942年12月26日,罗伯特·H.穆尼(Robert H. Mooney)中尉击落一架日军战机,但穆尼的P-40战机也被击中,他必须跳伞逃生。据目击者称,穆尼驾驶起火下坠的飞机避开了村庄,以免其村庄的人员伤亡和财产损失。当穆尼的飞机躲开村庄时,他已来不及打开降落伞了。穆尼被紧急送到一个小诊所,当地群众和医生尽一切努力抢救他的生命,但穆尼因伤过重于当晚去世。在云南,行驶在利多公路(Ledo Road)上的车队可见一座纪念碑,纪念碑背后的墙上写着"为正义而战"。纪念碑是市民为纪念抗战牺牲的"飞虎队"队员穆尼建立的。
美国国家档案馆存(National Archives and Records Administration,网址:http://www.fold3.com/image/1/52542815)
档案来源:美国驻成都总领事馆

▲ 史迪威将军与陈纳德(Claire L. Chennault)。(1943年)
档案来源:约翰·伊斯特布鲁克(John Easterbrook)

七、中国战区的"飞虎队" 467

▲ 史迪威将军与美陆军第14航空队司令陈纳德（Claire L. Chennault）少将在某机场交谈。（1943年）
美联社照片
Bob Bryant拍摄
档案来源：东方IC

▲ 史迪威将军为陈纳德（Claire L. Chennault）准将颁发杰出服务勋章，颁奖仪式在云南省一前线空军基地举行。（1942年12月22日）
美陆军战争信息部照片（编号：D-7759）
档案来源：美国国家档案馆（Joseph W. Stilwell Photo\208-PU-193 D\Stilwell Presentations）

▲ 第23飞行队的达拉斯·科林塞尔(Dallas Clincer)飞行员,他驾驶的P-40号飞机名为"你知道的"(U Know What)。(昆明,1943年)
档案来源:美国国家档案馆

▲ 在中国某处基地，史迪威将军（中）视察驻中国的美陆军第14航空队，站在绘有鲨鱼图案的P-40战斗机前与航空队地勤人员（右）交谈，站在史迪威将军背后的是第14航空队指挥员陈纳德（Claire L. Chennault）。截至1943年8月4日，过去13个月，第14航空队飞行员仅以51架飞机的损失为代价，击落了日军442架飞机，接近9∶1的比例。（1943年8月4日）
美陆军官方照片（编号：16943-FA）
档案来源：美国国家档案馆（Joseph W. Stilwell Photo\208-PU-193S\Folder 1）

七、中国战区的"飞虎队" 471

▲ 在中国某处基地,史迪威将军(中)视察驻中国美陆军第14航空队飞行中队,站在一排绘有鲨鱼嘴图案的P-40战斗机前与中队人员(右)交谈。(1943年)
美陆军官方照片(编号:16942-FA)
档案来源:美国国家档案馆(Joseph W. Stilwell Photo\208-PU-193S\Folder 1)

▲ 史迪威将军视察驻中国的美陆军第14航空队飞行中队。(1943年7月)
美陆军航空兵照片
出自美陆军战争信息部
档案来源：美国国家档案馆(Joseph W. Stilwell Photo\208-PU-193 C)

▲ 史迪威将军（右）与美陆军第14航空队指挥官陈纳德（Claire L. Chennault）少将（左二）在中国某处军事基地一排鲨鱼嘴图案的P-40驱逐机前同战斗机飞行员交谈。这支航空队7月击沉4.1万吨、摧毁3.5万吨的日军船舶。（1943年7月）
美陆军航空兵照片
美陆军战争信息办公室发布
档案来源：美国国家档案馆（Joseph W. Stilwell Photo\208-PU-139S-29）

▲ 史迪威将军与美陆军航空官员。从左至右：陈纳德（Claire L. Chennault）少将、理查德·杨（Richard Young）上尉（正面对镜头者）、史迪威将军、格伦（Glenn）准将。
美陆军航空兵照片
出自美陆军战争信息办公室
档案来源：美国国家档案馆（CBI Photos\RG 111-SC\208-PU-193H\Stilwell with others）

七、中国战区的"飞虎队" 475

▲ 第425轰炸机中队的41-24251号轰炸机在昆明。(1943年)
　　档案来源：周敏

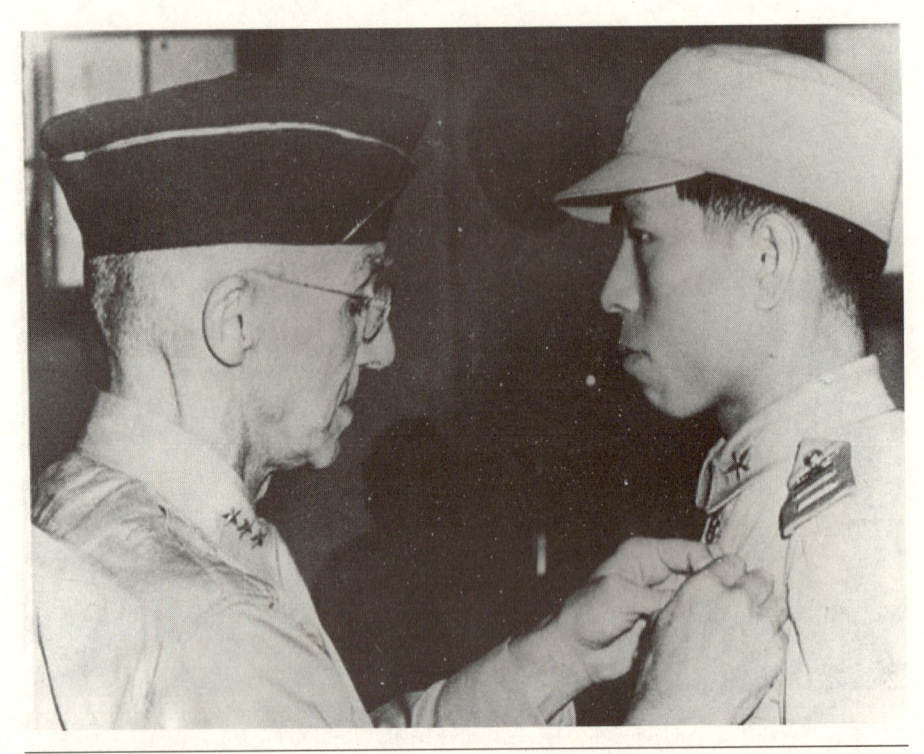

▲ 史迪威将军为中国空军飞行员空军上尉臧锡兰授予美国银星勋章，表彰其在中国宜昌空战中救助"飞虎队"约翰·R.艾立生（John R. Alison）中校的英勇业绩和抗击日军轰炸中表现出的勇敢和杰出飞行纪录。(1943年7月)
档案来源：美国国家档案馆（Joseph W. Stilwell Photo\208-PU-103S\Folder 2）

七、中国战区的"飞虎队"　477

▲ 在中国昆明，美陆军第14航空队对日本占领的山头进行轰炸。(1944年11月27日)
美军通信兵照片(编号：CBI-44-62283)
第164摄影连一等技术兵G. L. Kocourek拍摄
美陆军部公共关系部发布
档案来源：美国国家档案馆(CBI Photos\RG 111-SC\Box 412\245701-245740 3005\SC-245712)

▲ 隐蔽在丛林中的"飞虎队"急切地盼望投入战斗。
档案来源：周敏

七、中国战区的"飞虎队"

▲ "飞虎队"第3中队的飞行员在P-40战斧式驱逐机前。
档案来源:周敏

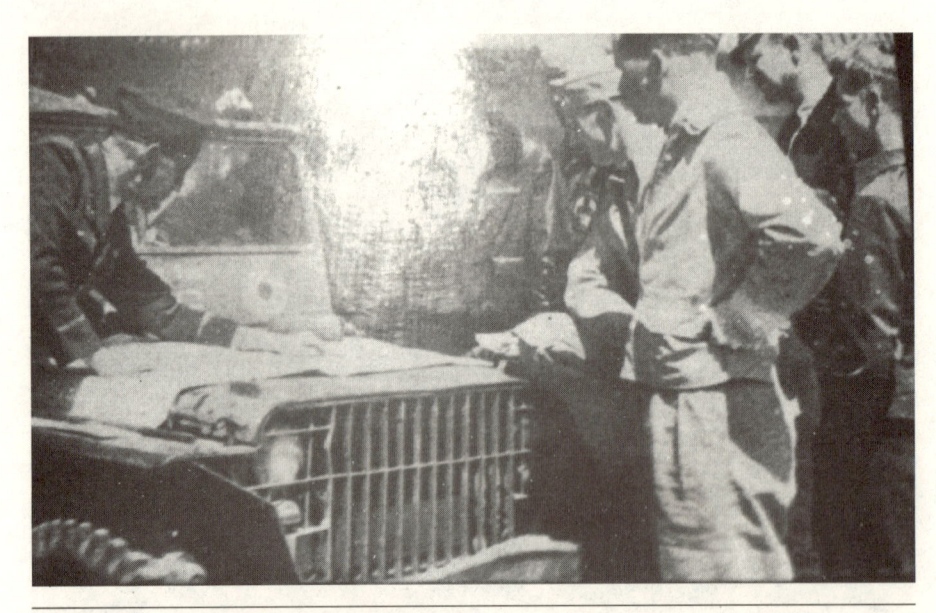

▲ 陈纳德(Claire L. Chennault)与部下在吉普车引擎盖上为日军准备坏消息。
档案来源：周敏

七、中国战区的"飞虎队" 481

图一

图二

▲ 国民政府为动员沿线老百姓救护失事人员,为美军飞行员准备了写有"来华助战洋人,军民一体救护"的条幅,人们称之为"血幅"。美军飞行员的背上均佩戴了这种条幅。图一陈纳德(Claire L.Chennault)与"飞虎队"第3中队队长沃尔森。图二沃尔森飞行服上的"血幅",即救生布条。

档案来源:周敏

▲ 史迪威将军视察美陆军第14航空队，与队长陈纳德（Claire L. Chennault）握手。
档案来源：周敏

▲ 航空队队员与他们的P-51战斗机。
档案来源：周敏

▲ 赫伯斯少校是第14航空队的王牌飞行员,他在P-51战斗机上用太阳旗标明他打下的日本飞机架数,他还曾击落一架德国飞机。

档案来源:周敏

七、中国战区的"飞虎队" 485

▲ 麦尔科姆(McCome)中校与他的P-51D战斗机。
　档案来源:周敏

▲ 第11战术侦察机中队的队员在B-25飞机前。
档案来源：周敏

▲ 第426夜间战斗机中队的P-61A战斗机及其飞行员苏马克中尉。
档案来源：周敏

▲ 第41-24055号B-24D轰炸机及机组人员。
档案来源：周敏

▲ 第11轰炸机中队B-24H轰炸机及机组人员。
档案来源：周敏

▲ "解放者"号轰炸机正在轰炸日军占领的黄河大桥。
档案来源:周敏

七、中国战区的"飞虎队" 491

▲ 在起飞执行轰炸任务之前,波音B-29轰炸机的左机枪手理查德·R.布特(Richard R. Boot)上士和一名中国卫兵正在一个小油炉前烤火。
美国国家档案馆存(National Archives and Records Administration)
档案来源:美国驻成都总领事馆

▲ 第425轰炸机中队的"地狱之火"号轰炸机的机组人员在昆明。
档案来源：周敏

七、中国战区的"飞虎队" 493

▲ 第23战斗机大队一架P-40战斗机在云南被日机炸毁。幸存的美国飞行员深深地感谢中国老百姓的慷慨和友善,并把对中国的这份情意传递给自己的家人。为了缅怀帮助中国抗战牺牲的国际友人,中国人民在昆明西北郊公园内修建了"驼峰飞行纪念碑",在中缅边境的怒江泸水县片马镇修建了"驼峰航线纪念馆"。

档案来源:周敏

▲ 隶属美陆军第14航空大队的中美联队的中美士兵在一起站岗。
美国国家档案馆存(National Archives and Records Administration，网址：http://www.fold3.com/image/28852230)

档案来源：美国驻成都总领事馆

▲ "小老虎乔"是美陆军第14航空队某队收养的一名中国儿童难民,此时他正和工程师罗伯特·杜尔森(Robert Duerson)上士站在第14航空队总部的训练场上。
美国国家档案馆存(National Archives and Records Administration,网址:http://www.fold3.com/image/28851484)
档案来源:美国驻成都总领事馆

▲ 日本空袭沃利·塔布(Wally Taboo)曾经住过的城市，使他成为无家可归的孤儿。之后，乐明(Leming)、托马斯(Thomas)和卡尔达什(Kardash)三位上士收养了他。此时，这几位上士正在给收养的孩子讲睡前故事。
美国国家档案馆存(National Archives and Records Administration，网址：http://www.fold3.com/image/28851843)
档案来源：美国驻成都总领事馆

七、中国战区的"飞虎队" 497

▲ 美陆军第14航空队的妇女军团(WAC)成员为中国战争孤儿举办聚会。(1945年12月26日)
美国国家档案馆存(http://www.fold3.com/image/28852722)
档案来源：美国驻成都总领事馆

▲ 为了改善中美关系，美陆军第14航空大队公关部举行了一系列记者招待会，中国记者和航空队官员出席了首次记者招待会。前排坐者从左至右：第14航空大队的拉塞尔·E.兰德尔(Russell E. Randall)准将、女记者陈小姐(Miss T.S. Chen)、W.C.莫尔斯(W.C. Morse)准将；后排站立者从左至右：孔志鸿(Kong Chi-hung)、程敏贤(Cheng Min-hsien)、托马斯·邓恩(Thomas Dunn，战时新闻局)、康堂峰(Kang Tangfeng)、欧昆(Ou Kung)、王轩(Wang Chein)、吴尔南(Wu Ernan)、宣义仁(Yuan I-jen)。(1944年9月4日)

资料来源：美国国家档案馆存(National Archives and Records Administration，网址：http://www.fold3.com/image/55673243)

档案来源：美国驻成都总领事馆